MW01644108

EL PODER TRANSFORMADOR DE LA RESPIRACIÓN

FANNY VAN LAERE

EL PODER TRANSFORMADOR DE LA RESPIRACIÓN

Pequeños cambios en tu respiración, grandes transformaciones en tu vida.

Con ejercicios prácticos simples,
adaptados a tu vida cotidiana
y a tus necesidades de cada momento.

Fanny Van Laere
BREATHWORK METHOD

ISBN: 9798314638736

Primera publicación / Edición
Primera edición: 2025
Publicado por: Amazon Kindle Direct Publishing (KDP)

Para más información, visita: www.fannyvanlaere.com
IG: @fannyvanlaereoficial

"La respiración no solo tiene
el poder de sostener la vida,
también tiene el poder
de transformarla".

Fanny Van Laere

A Jorge Gaggio,
por su apoyo incondicional.

ÍNDICE

APERTURA

Te doy la bienvenida a esta aventura que recorreremos a través de este libro, el cual está diseñado para acompañarte a descubrir cómo tu respiración puede convertirse en una poderosa herramienta de bienestar y transformación, sea cual sea tu situación o el momento en que te encuentres.

Hace más de 30 años que enseño sobre respiración en más de 20 países, trabajando con personas de todas las edades, estilos de vida y experiencias. Durante este tiempo, he desarrollado un abordaje único que quiero compartir contigo: el método Van Laere®. Este método no nació de la teoría, sino que fue forjado en la práctica, respondiendo a las necesidades reales de las personas con las que he trabajado. Cada práctica que encontrarás aquí ha sido refinada a lo largo de años, acompañando a personas en sus procesos de transformación frente a los desafíos de la vida.

En estas páginas, descubrirás un enfoque simple y accesible. Te hablaré de manera cercana, ofreciéndote ejemplos claros y prácticas que podrás integrar fácilmente en tu día a día. Ya sea que enfrentes un desafío emocional, busques aliviar tensiones o desees aumentar tu energía, este libro te guiará paso a paso.

Exploraremos juntos cómo la respiración impacta cada aspecto de tu vida, desde las emociones hasta la salud física. Aprenderás a reconocer cómo tus patrones respiratorios reflejan tus experiencias y, lo más importante, cómo pequeños ajustes pueden ayudarte a transformarte y brindarte más bienestar.

Cada capítulo incluye ejercicios prácticos que no requieren equipo especial ni experiencia previa. Estas técnicas están diseñadas para adaptarse a tus necesidades, ya sea para calmar la ansiedad, reducir tensiones o mejorar tu rendimiento. También encontrarás consejos para integrar la respiración consciente en tu vida cotidiana, ya sea en momentos de tranquilidad en casa o en situaciones desafiantes en el trabajo o la vida social. Además, en algunos ejercicios encontrarás un código QR que te llevará a videos donde podrás practicar conmigo, siguiendo mis indicaciones de manera clara y sencilla.

A lo largo del libro, compartiré anécdotas y reflexiones extraídas de mis años de experiencia, con la intención de inspirarte y motivarte a profundizar en tu práctica. La respiración es algo que todos hacemos automáticamente, pero aquí descubrirás cómo convertirla en una herramienta consciente para vivir con más calma, energía y conexión.

Este libro no es solo una guía práctica; es un espacio para reconectar contigo mismo. A través de la respiración y las técnicas que conforman el método Van Laere®, encontrarás una herramienta simple pero transformadora para cultivar una relación más profunda y consciente contigo mismo y con tu vida.

Este viaje tiene el potencial de abrirte nuevas posibilidades, no solo porque adquirirás conocimientos, sino porque empezarás a experimentar el poder que tiene tu respiración para transformar tu bienestar.

Fanny Van Laere
BREATHWORK METHOD

CAPÍTULO 1

LA RESPIRACIÓN: UN REGALO QUE LLEVAS CONTIGO

¿Sabías que llevas contigo un poder capaz de transformar tu vida? Es algo tan esencial que a menudo pasa desapercibido: tu respiración. Este proceso vital tiene el poder de influir profundamente en tu salud, tus emociones y cómo enfrentas los desafíos de la vida.

Aunque respiramos sin pensar, aprender a hacerlo de forma consciente abre puertas hacia una vida más plena y equilibrada. A través de este capítulo, descubrirás por qué la respiración es tu mejor aliada y cómo, al prestarle atención, puedes mejorar tu bienestar físico, mental y emocional.

Comencemos este viaje hacia lo más simple y poderoso que posees: la forma en que respiras.

1.1) Tu mejor aliada

La respiración no es solo una función básica del cuerpo; es tu fuente de vida más inmediata. Cada célula de tu organismo depende del oxígeno que inhalas para transformar los nutrientes en energía. Pero la forma en que respiras no solo afecta tu salud física, también impacta en tu estado emocional y mental.

Quizás nunca te hayas detenido a observar tu propia respiración. Es algo que hacemos automáticamente, pero, ¿sabías que también puedes controlarla? Ahí radica su poder transformador: una respiración consciente puede regular tu sistema nervioso, mejorar tu salud integral y ayudarte a manejar mejor el estrés y las emociones.

Una respiración adecuada fortalece el corazón, refuerza el sistema inmunológico y equilibra funciones esenciales como la circulación y la digestión. Pero no es solo biología: la calidad de tu respiración influye directamente en cómo experimentas la vida.

Imagina un momento de estrés: tal vez estás esperando una respuesta crucial y notas que tu pecho se siente pesado, como si el aire no fluyera con libertad. Ahora recuerda esos momentos de alegría, cuando algo bueno ocurre, y sientes cómo tu respiración se vuelve ligera y fluida. Este vínculo entre la respiración y las emociones es innegable, y lo mejor es que también funciona a la inversa: al cambiar cómo respiras, puedes transformar cómo te sientes.

Recuerdo a una alumna que llegó a mí buscando alivio para su estrés crónico. Al inicio de nuestra primera sesión, simplemente le pedí que observará cómo respiraba. Descubrió que su respiración era rápida y superficial, como si estuviera atrapada en un estado constante de alerta. Con pocas sesiones, a través de la práctica de la respiración consciente, logró calmar su mente, reducir la ansiedad y dormir mejor sin necesidad de medicación.

La respiración es tu compañera constante, una guía silenciosa hacia el equilibrio y la calma. Aprender a escucharla y aprovechar su potencial puede marcar la diferencia entre reaccionar impulsivamente, y responder con claridad. Este es el primer paso para descubrir una vida más plena y consciente: observar tu respiración y dejar que te conecte contigo mismo.

Lo más importante:

- Tu respiración es una herramienta poderosa para mejorar tu calidad de vida.
- Observar tu respiración es el primer paso para conocerte mejor.
- Respirar conscientemente puede cambiar cómo te sientes y cómo enfrentas la vida.

1.2) El poder de observar tu propia respiración

Tu respiración es un reflejo de tu mundo: cambia constantemente según lo que experimentas. En momentos de estrés, como una discusión o un atasco de tráfico, se vuelve superficial y acelerada. Por el contrario, en situaciones de calma, como un paseo por la naturaleza o una conversación relajada, es más lenta y profunda. Este vínculo entre la respiración y tus emociones no solo es natural, sino también una herramienta poderosa: al aprender a observar cómo respiras, puedes notar cómo tu cuerpo refleja tanto lo que ocurre a tu alrededor como lo que sientes internamente.

La respiración es como un puente entre tu mundo interno y externo. Por ejemplo, en un momento de miedo, es común contener el aire, mientras que una risa a carcajadas se traduce en exhalaciones largas y liberadoras. Pero aquí está lo interesante: esta relación no es solo pasiva, es decir que así como tus emociones alteran la forma en que respiras, también puedes usar la respiración para transformar tus emociones y recuperar el equilibrio. Para lograrlo, lo primero es conocer tu respiración a través de la observación consciente.

Primero, observa sin cambiar.

Observar tu respiración es un acto simple, pero encierra un enorme poder. Aunque respiramos más de veinte mil veces al día, rara vez nos detenemos a notar cómo lo hacemos. Sin embargo, observar tu respiración sin juzgarla ni intentar modificarla, te permite conectar con el momento presente y descubrir lo que estás viviendo en tu interior.

Tu respiración es como un lenguaje silencioso que te habla sobre tu estado físico y emocional. En un día difícil puedes notar que está contenida o que solo se mueve en la parte superior del pecho, como si tu cuerpo resistiera soltar algo. Cuando estás enfadado, puedes observar que tu exhalación está forzada; y cuando estás en calma, la respiración suele fluir de manera más profunda y relajada. Prestar atención a estos patrones te ayuda a conocerte mejor y a entender cómo tu cuerpo responde a lo que vives.

Durante un taller, una alumna notó que cada vez que pensaba en el trabajo, su respiración se detenía por completo. *"Es curioso"*, dijo, *"pensaba que estaba bien, pero mi respiración me estaba diciendo otra cosa"*. Ese simple descubrimiento le permitió tomar consciencia del estrés acumulado y comenzar a buscar formas de gestionarlo.

De manera similar, Arturo, un alumno que enfrentaba una situación de tensión con su pareja, notó cómo su respiración rápida e irregular reflejaba su estado emocional. Solo al observarla, sin intentar cambiar nada, comenzó a calmarse por sí mismo. Sorprendido me comentó: *"parece que al prestarle atención, la respiración empieza a equilibrarse sola"*.

Estas experiencias muestran que aunque no siempre podemos controlar lo que sucede a nuestro alrededor, sí podemos empezar por notar cómo nuestro cuerpo y respiración responden a lo que vivimos. Este acto de observar te ayuda a salir del piloto automático y abrir la puerta a una relación más consciente contigo mismo.

Solo observa tu respiración.

La próxima vez que te sientas sobrecargado, detente un momento y presta atención a tu respiración. Observa si está acelerada, contenida o si tu exhalación está retenida. Por ahora, no necesitas cambiar nada. Este es el punto de partida: observar. A medida que avances, aprenderás cómo transformar tu respiración para influir en tu bienestar.

Más adelante, exploraremos técnicas específicas para que esta observación evolucione en prácticas más profundas. Por ahora, simplemente detente, respira y observa.

Lo más importante:

- Tu respiración refleja cómo te sientes en cada momento.
- Observar tu respiración te conecta con el presente y abre la puerta al cambio.
- La consciencia sobre tu respiración es un primer paso hacia el equilibrio y la claridad interior.

Preguntas para reflexionar:

- ¿Qué te está diciendo tu respiración en este momento?
- ¿Qué notarías si hicieras una pausa para observar tu respiración en distintos momentos del día?

1.2.a) La respiración y tu conexión con la vida

Cada inhalación es un acto de recibir, un momento de apertura y confianza para tomar lo que necesitamos. Cada exhalación, en cambio, es un acto de soltar, una oportunidad para liberar aquello que ya no nos sirve. Este flujo constante nos enseña que el equilibrio está en aprender a recibir y dejar ir con naturalidad.

Piensa en tu respiración como un espejo de tus emociones y necesidades. Si en este momento te cuesta inhalar profundamente, tal vez estés enfrentando dificultades para abrirte a algo nuevo. Si tu exhalación se siente contenida, quizá estés resistiendo soltar algo que ya no necesitas. Observar estos patrones te ayuda a conocerte mejor y a comprender cómo estás interactuando con el mundo a nivel interno.

La respiración también nos recuerda la importancia de confiar en el flujo natural de la vida. Cada exhalación que liberas es una entrega, pero también una certeza de que habrá una próxima inhalación. Este ciclo constante puede convertirse en un recordatorio silencioso de que siempre hay una oportunidad para empezar de nuevo, para recibir y soltar con mayor fluidez.

Durante una práctica, Ana observó que su respiración era rígida y controlada. Al reflexionar, reconoció que esto reflejaba su lucha por controlar todos los aspectos de su vida, desde su trabajo hasta sus relaciones. El solo hecho de observar hizo que su respiración empezara a fluir de manera más relajada, y me dijo: *"Fue como darme permiso para soltar esa carga invisible que he estado llevando. No sabía cuánto lo necesitaba hasta que lo hice"*. Ese pequeño cambio la ayudó a reconectar con una sensación de libertad y confianza.

Observar tu respiración desde esta perspectiva no solo te conecta con tu cuerpo, sino también con el ritmo natural de la vida. Es una invitación a fluir, a confiar en que cada exhalación dará paso a una nueva inhalación, y que en ese equilibrio puedes encontrar calma y fortaleza.

Sigamos explorando juntos lo que tu respiración puede revelarte...

Observar tu respiración no requiere esfuerzo.
Es simplemente darte el regalo de escucharte a ti mismo/a.

1.2.b) Ejercicio: conociendo tu respiración

Este ejercicio te ayudará a observar tu respiración tal como es, sin intentar cambiarla. Es una práctica sencilla pero profunda, que te permite conectar contigo mismo de una forma consciente y amorosa.

Instrucciones:

1. Encuentra un lugar cómodo para sentarte o acostarte, donde no te molesten por unos minutos.

2. Cierra los ojos y lleva tu atención a tu respiración. Nota el aire entrando y saliendo de tu cuerpo.

3. Sin cambiar nada, observa las sensaciones físicas de la respiración:
- *¿Cómo se siente el aire al pasar por tu nariz?*
- *¿Notas algún movimiento en tu pecho o abdomen?*
- *¿Percibes alguna tensión o resistencia en el flujo del aire?*

4. Ahora, enfócate en la exhalación:
- *¿Cae con facilidad o se siente retenida?*
- *¿Necesitas empujar el aire para que salga?*
- *¿La exhalación te resulta cómoda?*

5. Luego, observa la inhalación:
- *¿Comienza con energía y fluidez, o sientes que le falta fuerza?*
- *¿Sientes que el aire entra con facilidad o hay bloqueos?*
- *¿Tu inhalación te deja una sensación de plenitud o parece insuficiente?*

6. A continuación enfócate en el movimiento corporal:
- *¿Respiras más en el pecho, el abdomen o el diafragma?*
- *¿Qué partes de tu cuerpo se mueven al respirar?*
- *¿Sientes tensión en alguna zona?*

Dedica unos minutos a esta exploración. Por ahora no intentes cambiar nada; simplemente observa con curiosidad y deja que tu respiración te revele cómo estás en este momento.

Reflexión tras el ejercicio

Tomarte este tiempo para observar tu respiración te conecta con algo más profundo: una conexión interna que a menudo queda opacada por el ritmo acelerado de la vida. Tu respiración te muestra cómo estás física y emocionalmente, respondiendo a tu entorno, pensamientos y emociones.

Incluso en los días más ajetreados, unos segundos de atención consciente pueden ayudarte a reconectar contigo mismo. Por eso, te invito a practicar este ejercicio con frecuencia. Dedícale menos de un minuto o más tiempo, según lo desees. Cuanto más observes tu respiración, más notarás su relación con tu estado de ánimo y bienestar general. Cada observación es una oportunidad para encontrar claridad y equilibrio.

Si lo deseas, anota tus respuestas en un diario para registrar cómo cambia tu respiración con el tiempo.

Preguntas para reflexionar:

- ¿Qué descubriste sobre tu respiración que no habías notado antes?
- ¿Cómo te sientes después de dedicarte este momento de atención consciente?
- ¿Cómo podrías integrar esta práctica en tu día a día?

Lo más importante:

- Tu respiración refleja cómo te relacionas con tus emociones y con la vida.
- Este ejercicio te ayuda a explorar y aceptar tu respiración tal como es, sin juicio ni expectativas.

1.2.c) Recomendaciones para integrar la observación diaria

Observar tu respiración no tiene que ser una práctica compleja ni reservada para momentos especiales. Puedes integrarla fácilmente en tu rutina diaria, convirtiéndola en una herramienta para conectar contigo mismo/a en medio del ritmo acelerado de la vida. Aquí tienes algunas sugerencias sencillas para hacerlo:

Tu forma de respirar: única como tú

Tu forma de respirar es única, como una huella dactilar que te distingue de todos los demás. Nadie más respira exactamente como tú. Tu ritmo, profundidad y fluidez son irrepetibles, incluso si alguna vez decides ajustar tu forma de respirar. En cada inhalación y exhalación, tu cuerpo se conecta con la vida de una manera completamente tuya.

Aunque la respiración cambia constantemente según lo que estás viviendo —acelerándose en momentos de estrés o volviéndose más profunda estando en calma—, también conserva patrones más estables que son como un espejo de tu personalidad única, y de tu historia de vida. Estos patrones han sido moldeados no solo por tus experiencias actuales, sino también por lo que has vivido a lo largo de los años. Cada tensión acumulada, cada momento de alegría, y cada desafío superado ha dejado una marca en tu manera de respirar.

Descubrir este ritmo único solo requiere detenerte y observar.

A lo largo de mis 30 años enseñando sobre respiración, he visto cómo personas de diferentes culturas y trasfondos se conectan con su respiración de maneras profundas y diversas, simplemente al prestar atención. Este acto tan básico revela tensiones, emociones y patrones que reflejan cómo cada uno vive su vida de forma única.

Recuerdo a un pianista, Diego, que asistió a uno de mis primeros retiros en Madrid. Durante una práctica, compartió que había comenzado a observar su respiración mientras tocaba. Descubrió que, antes de cada concierto, sus inhalaciones se volvían cortas y rápidas, reflejando su ansiedad por "perder el ritmo" tanto en la música como en la vida. Sin embargo, también se dio cuenta de algo aún más profundo: había un patrón constante en su respiración, un ritmo subyacente que reflejaba su esencia. Al practicar la respiración más consciente, no solo encontró calma y confianza, sino que también reconoció que, aunque su respiración se volvió más fluida, seguía siendo diferente a la de los demás. *"Mi ritmo ahora no solo acompaña mi música, también refleja más quién soy"*, me dijo.

Tu forma de respirar es un espejo que te devuelve no solo lo que estás sintiendo en este momento, sino también quién eres y cómo has llegado hasta aquí. Observar tu respiración no requiere esfuerzo, solo curiosidad. A menudo, los momentos más transformadores ocurren cuando nos detenemos a mirar lo que ya está dentro de nosotros.

Este acto de observar no solo te libera, sino que también te guía hacia un cambio positivo. En la simplicidad de un aliento puedes encontrar serenidad, enfoque y el recordatorio de que tu forma de respirar sigue siendo tan única como tú, reflejando tanto lo que vives en el presente como la historia que te ha moldeado.

1. Haz pausas conscientes:

Antes de comenzar una tarea importante, mientras esperas el transporte o incluso al final del día, dedica unos segundos a observar tu respiración. Nota si está apurada o tranquila, profunda o superficial. Solo esa observación puede marcar una gran diferencia.

2. Conecta con actividades cotidianas:

Mientras caminas, cocinas o realizas tareas simples, lleva tu atención al flujo de aire entrando y saliendo de tu cuerpo. Este pequeño gesto transforma actividades comunes en momentos de conexión consciente.

3. Crea recordatorios amables:

Usa notas adhesivas, alarmas suaves en tu teléfono, o un objeto visual en tu espacio como un recordatorio para hacer una pausa y observar tu respiración. Por ejemplo, un mensaje breve como *"Respira y observa"* puede ayudarte a integrar este hábito sin esfuerzo.

4. Pregúntate: *"¿Cómo estoy respirando?"*

Durante el día, hazte esta pregunta en diferentes momentos. Notarás cómo tu respiración cambia según lo que sientes o piensas. Este simple acto te ayuda a identificar patrones emocionales y físicos, que de otra manera podrían pasar desapercibidos.

5. Aprovecha los momentos de calma:

Antes de dormir o al despertar, tómate un minuto para conectar con tu respiración. Es una forma sencilla de cerrar o iniciar el día con más claridad y serenidad.

Cada pequeño momento de atención a tu respiración es una oportunidad para conocerte mejor y cultivar un mayor equilibrio interno.

No necesitas dedicarle mucho tiempo; bastan unos segundos para reconectar contigo mismo/a.

Preguntas para reflexionar:

- ¿En qué momento del día te resulta más fácil observar tu respiración?
- ¿Qué cambios notas cuando haces esta pausa consciente?

Lo más importante:

- La observación de tu respiración puede integrarse fácilmente en tu día a día.
- Pequeños momentos de atención consciente pueden transformar cómo te sientes y reaccionas.

1.3) Activando el poder de tu respiración

Ahora que has comenzado a observar tu respiración, es momento de dar un paso más: aprender a transformarla conscientemente. Este proceso no se trata de hacerlo "perfecto", sino de explorar cómo pequeños ajustes en tu forma de respirar pueden brindarte mayor equilibrio.

La respiración consciente es una herramienta poderosa porque te permite acceder a una fuente constante de energía y renovación. Cada inhalación es una oportunidad para nutrir tu cuerpo, y cada exhalación una invitación para soltar lo innecesario. Cuando respiras con intención, no solo puedes calmar tu mente, sino también revitalizar todo tu sistema, mejorando funciones esenciales como la circulación, la digestión y la oxigenación celular.

Este proceso es mucho más que un cambio físico; es una reconexión con tu cuerpo y su capacidad natural de autorregulación. A medida que practiques, descubrirás que la respiración no solo te ayuda a liberar tensiones, sino también a sentirte más enraizado y energizado en tu día a día.

Para continuar este viaje de transformación, te presentaré los cinco principios fundamentales de la respiración energética del método Van Laere®. Estos principios son sencillos, pero su impacto es profundo si los practicas con constancia.

1.3.a) Los cinco principios de la respiración energética

1. Respiración nasal

La nariz es la vía más saludable y eficiente para respirar. No solo filtra y humedece el aire, sino que también regula su temperatura antes de que llegue a tus pulmones. Además, respirar por la nariz estimula el nervio vago, promoviendo un estado de calma y relajación.

Por ejemplo: piensa en un día frío mientras corres. Si respiras por la boca, el aire puede sentirse áspero y seco. Al hacerlo por la nariz, el aire entra suavemente, haciéndote sentir más conectado con tu cuerpo.

Si tu nariz está muy bloqueada, no te preocupes. Puedes alternar entre la boca y la nariz según lo necesites. Incluso un pequeño esfuerzo por respirar por la nariz puede marcar una gran diferencia. Sin embargo, si está completamente bloqueada, puedes hacer el ejercicio respirando por la boca. En este caso te recomiendo el ejercicio para desbloquear la nariz, apartado 3.1.b)

2. Exhalación suelta

Piensa en la exhalación como soltar algo que ya no necesitas, como dejar caer una hoja seca al suelo o desinflar un globo con facilidad. La exhalación refleja nuestra capacidad de soltar, confiar y aceptar.

Un ejemplo claro es el suspiro que haces después de un día largo: simplemente dejas caer el aire, sin retenerlo ni empujarlo. Hazlo ahora, pero por la nariz (a menos que esté bloqueada). Toma una inhalación y suelta el aire, dejando que caiga naturalmente.

Mi primera experiencia con la respiración

Durante un retiro de 10 días de meditación, cuando tenía apenas 22 años y ya había participado en varios retiros similares, descubrí algo que cambió mi vida para siempre: la conexión profunda entre mi respiración y mis emociones. Aunque dedicaba horas a meditar y tenía experiencia en prácticas contemplativas, sentía que algo en mi interior no fluía del todo. Era como si mi respiración estuviera bloqueada, limitada por un muro invisible que me impedía avanzar.

Intuía que este bloqueo tenía raíces en mi infancia: gritos, violencia, y emociones reprimidas que nunca había podido liberar por completo. Era como si mi cuerpo siguiera cargando esas heridas a través de cada inhalación y exhalación.

Después de varios días observando ese bloqueo en las largas sesiones de meditación, algo inesperado ocurrió. Durante uno de los paseos silenciosos entre sesiones, sentí cómo mi respiración se abría de manera profunda y natural. Fue como si me quitaran una tonelada de encima. Esa liberación no solo fue física, sino también emocional. Por primera vez, entendí que mi respiración estaba conectada a heridas profundas que llevaba cargando durante años.

Al mismo tiempo, algo en mi mente hizo click. Fue como si un rompecabezas comenzara a armarse, revelando aspectos de mi vida que antes no podía comprender. De repente, todo empezó a tener sentido.

Esa experiencia transformadora marcó un antes y un después en mi vida. Sentí una paz y una claridad que nunca había experimentado. Me llevó a explorar más sobre la respiración y a entender cómo puede ser una herramienta para sanar y reconectar con uno mismo.

Evita empujar el aire hacia fuera o controlarlo demasiado. Una exhalación libre y relajada te ayudará a conectar con una sensación de entrega y paz.

Recuerdo a un alumno que, durante una práctica de consciencia de la respiración, me comentó: *"No sabía qué estaba tan tenso y lo mucho que me costaba relajarme y confiar, hasta que aprendí a soltar mi exhalación. Sentí alivio al permitirme relajarme, dejando que el aire salga sin retenerlo"*. Este simple acto de dejar caer el aire le ayudó a empezar a confiar más en el proceso de la vida, soltando también la necesidad constante de controlar todo a su alrededor.

3. Profundidad en la zona de desafío

Imagina que estás caminando y, de pronto, decides subir un escalón un poco más alto de lo habitual. No necesitas un salto extremo, solo un pequeño esfuerzo para alcanzarlo. Lo mismo ocurre con la profundidad de tu respiración. Observa cómo respiras en este momento: *¿Es superficial o profunda?, ¿cuál es su profundidad exacta?* La respiración cambia incluso dentro del mismo día, dependiendo de cómo nos sentimos o lo que estamos haciendo.

Después de haber observado cuál es la profundidad de tu respiración en este momento, respira un poco más profundo de lo que es cómodo, pero sin forzar. Piensa en ese pequeño esfuerzo como algo que te saca de la zona de confort, pero sin entrar en lucha. Por ejemplo, si estás sentado leyendo esto, prueba a inhalar un poco más profundamente y nota cómo cambia la sensación en tu pecho o abdomen. Este pequeño desafío amable te ayuda a expandir tu capacidad respiratoria poco a poco.

4. Énfasis en la inhalación

La inhalación es como abrir las ventanas de tu casa para dejar entrar el sol y el aire fresco. Refleja nuestro impulso por participar en la vida, nuestra apertura y vitalidad.

Imagina que estás oliendo tu comida favorita. Esa primera inhalación suele ser más profunda y entusiasta, ¿verdad? Ahora, prueba a hacer lo mismo con tu respiración. Pon un poco de énfasis al inicio de la inhalación, pero sin forzar. Siente cómo entra el aire y revitaliza cada célula de tu cuerpo.

No es necesario que la inhalación sea exagerada. Un poco de entusiasmo al comenzar basta para activar esa energía de vida.

5. Respiración conectada

Piensa en un columpio: cuando está en movimiento, no hay pausas bruscas, solo un flujo continuo de ida y vuelta. Así es la respiración conectada o circular: inhalas y exhalas sin detenerte entre ambas fases.

Intenta practicar 4 o 5 respiraciones conectadas ahora. Después de exhalar, en lugar de detenerte, comienza a inhalar inmediatamente, y tras esta, suelta el aire sin pausa. Con el tiempo, notarás que las transiciones entre inhalación y exhalación se vuelven tan suaves que parecen fundirse en un solo movimiento.

Un punto clave:

Estos cinco principios son herramientas poderosas para profundizar en tu conexión con la respiración y tu bienestar. Sin embargo, es importante no aplicarlos en cualquier momento o lugar de forma continua. La práctica consciente de estos principios puede dar lugar a manifestaciones de sanación o reparación que podrían requerir tiempo y atención para ser integradas plenamente.

Por esta razón, te recomiendo explorarlos solo durante ejercicios específicos, y en un entorno que te permita estar cómodo y presente. Esto te ayudará a disfrutar de sus beneficios de manera segura, y sin interferir con las actividades de tu vida cotidiana.

Este es el inicio de un viaje para transformar
cómo respiras y, con ello, cómo vives.
Los cinco principios son como un mapa
que te guiará a través de
cada práctica, permitiéndote liberar
tensiones y reconectar con tu bienestar.

Lo más importante:

- Practica los cinco principios de la respiración energética en un entorno seguro y cómodo.
- No es recomendable aplicarlos de manera continua durante actividades cotidianas, ya que pueden generar manifestaciones de sanación que requieren atención y espacio.
- La clave está en explorarlos con amabilidad, en momentos y ejercicios específicos.

Preguntas para reflexionar:

- ¿En qué momentos del día sientes que puedes dedicarte un espacio seguro para practicar tu respiración?
- ¿Qué principio te gustaría explorar primero y por qué?

1.3.b) Ejercicio: despierta tu respiración energética

Ahora que conoces estos cinco principios, vamos a aplicarlos en el primer ejercicio de respiración. Este te ayudará a desbloquear tensiones acumuladas y a conectar con tu energía vital.

Antes de comenzar, encuentra un lugar cómodo para sentarte o acostarte, cierra los ojos y prepárate para explorar el poder transformador de tu respiración.

¿Estás listo/a? Vamos a empezar.

Instrucciones

1. Realiza cuatro respiraciones un poco más profundas de lo que te resulta cómodo en este momento. No necesitas exagerar, solo lleva cada respiración un poco más allá.

2. Luego, haz una quinta respiración lo más profunda que puedas, llenando tus pulmones por completo.

3. Repite este ciclo de cinco respiraciones cuatro veces, para un total de 20 respiraciones.

Mientras realizas el ejercicio, acuérdate de aplicar los **cinco principios**:

- Pon énfasis al inicio de la inhalación. Imagina que es el primer paso hacia algo nuevo.
- Deja que la exhalación sea relajada y suelta. Permite que fluya lo más posible.
- Respira de forma circular. Esto significa sin pausas entre inhalar y exhalar, como un flujo continuo.
- Haz las respiraciones un poquito más profundas de lo que te resulta cómodo. Solo un poquito, suficiente para activar tu energía.
- Respira por la nariz siempre que sea posible. Es más natural y beneficioso.

El ritmo no tiene que ser ni muy lento ni muy rápido, simplemente activo y cómodo para ti. Lo más importante es que encuentres tu propio ritmo. No sigas el de nadie más, porque tu cuerpo tiene su propia sabiduría, y eso es lo que importa.

También es importante que tengas en cuenta que la profundidad de tu respiración puede variar según cómo te sientas o lo que esté sucediendo a tu alrededor, y eso está perfectamente bien.

En una práctica grupal de consciencia de la respiración, una mujer compartió que, tras hacer las 20 respiraciones, sintió cómo un calor agradable recorría su cuerpo. Me dijo: *"Es como si algo se hubiera desbloqueado dentro de mí. Sentí que podía enfrentar lo que venía con más fuerza"*. Fue un recordatorio de cómo algo tan simple puede tener un impacto profundo en nuestro bienestar.

Después del ejercicio

Cuando termines, tómate un momento para observar cómo te sientes. Permite que el efecto del ejercicio se asiente en tu cuerpo y mente. Puedes reflexionar con las preguntas a continuación.

Preguntas para reflexionar:

- ¿Notaste algún cambio en tu cuerpo o mente durante las respiraciones?
- ¿Hubo algún momento en el que te sintieras más relajado o más presente?
- ¿Cómo sientes tu energía ahora comparada con antes de empezar?

Tómate tu tiempo para responder, sin prisas ni expectativas. Al practicar este ejercicio, tu experiencia puede ser diferente en cada ocasión. Estás cultivando un espacio para ti mismo, donde en cada respiración hay una oportunidad para renovarte, soltar tensiones y reconectar con tu esencia. ¡Dale una oportunidad y descubre lo que puede hacer por ti!

Lo más importante:

- Practica este ejercicio en un espacio tranquilo, donde puedas atender cualquier emoción o sensación que surja.
- Tu ritmo y comodidad son más importantes que la perfección. Escucha lo que tu cuerpo te dice.
- Cada respiración consciente es una oportunidad para liberarte y reconectar contigo mismo.

Si quieres acompañar este ejercicio con una guía visual, escanea el código QR a continuación para acceder a un video donde te explico paso a paso cómo realizarlo.

Respirando como un explorador

Un día, en un taller familiar, tuve la oportunidad de enseñar las 20 conectadas a un grupo diverso, incluyendo a varios niños. Entre ellos estaba Julián, un niño de 8 años, curioso e inquieto. Se sentó frente a mí con los ojos muy abiertos y preguntó: *"¿Y cómo se hace eso de respirar conectado? ¿Es difícil?"*

Le sonreí y le expliqué: *"No, Julián. Es como jugar a ser un explorador de tu cuerpo. Solo tienes que respirar con entusiasmo, pero sin forzar. Como si dejaras que el aire entrara y saliera libremente, sin detenerse. ¿Te animas a intentarlo?"*

A Julián le encantó la idea de ser un "explorador". Así que comenzamos, le pedí que cerrara los ojos y que, con cada inhalación y exhalación por la nariz, imaginara que estaba descubriendo algo nuevo en su cuerpo, como un río que fluye sin interrupción. *"Inhala... exhala... sin detenerte, con calma y entusiasmo, pero siempre suave"*, le guié.

Después de unas pocas respiraciones, vi cómo su pequeño cuerpo empezaba a relajarse. Su rostro, antes lleno de energía inquieta, se suavizó. Al terminar las 20 conectadas, Julián abrió los ojos de golpe, con una sonrisa enorme y exclamó: *"¡Siento cosquillas en mis manos y en mis pies! ¡Es como si algo estuviera brincando por dentro de mí!"*, moviendo sus dedos como si quisiera atrapar esa nueva sensación.

Le expliqué que lo que sentía era su energía vital, moviéndose gracias a la respiración consciente. Julián me miró con asombro y dijo: *"Es como si mi cuerpo estuviera despierto y feliz al mismo tiempo"*. Al escuchar esto, los adultos presentes comenzaron a interesarse más en lo que habían sentido, compartiendo experiencias de calor, relajación y hasta una sensación de ligereza.

Esta experiencia me recordó que la respiración consciente no tiene edad. No importa si es un niño como Julián, un adulto o alguien mayor. Las 20 conectadas son una práctica sencilla que cualquiera puede aprender, siempre y cuando se realicen con suavidad, sin forzar, dejando que el aire fluya con entusiasmo natural. Y lo mejor de todo: siempre hay algo mágico que descubrir.

1.4) Respiración óptima: ¿nariz o boca?

La respuesta es clara: la respiración nasal es la opción más saludable y eficiente para tu cuerpo. Aunque a veces recurrimos a la respiración por la boca de manera inconsciente, especialmente en momentos de estrés o esfuerzo físico, hacerlo de manera habitual puede tener consecuencias negativas en tu salud y bienestar.

La nariz no es solo una vía de entrada para el aire: es un filtro natural que mejora cada inhalación. Filtra partículas dañinas, regula la temperatura del aire y lo humedece, protegiendo tus vías respiratorias. Por el contrario, respirar por la boca de manera habitual puede causar sequedad, ronquidos, problemas posturales e incluso cambios en la estructura facial, especialmente en niños y adolescentes.

Además de sus beneficios físicos, la respiración nasal favorece un estado de relajación profunda y equilibrio. Ayuda a disminuir el estrés y fomenta una sensación de estabilidad interna. Respirar por la boca, en cambio, suele alterar este equilibrio, incrementando la sensación de ansiedad y manteniendo al cuerpo en un estado de alerta constante.

Cambiar este hábito no requiere forzarlo ni hacerlo de inmediato. La clave está en comenzar poco a poco, practicando en momentos de calma y dejando que tu cuerpo se adapte de forma natural.

1.4.a) Cómo adaptar tu respiración

Si respiras habitualmente por la boca, no te preocupes. Con constancia, puedes revertir este hábito y aprovechar los beneficios de la respiración nasal:

- Dedica unos minutos diarios a practicar ejercicios simples de respiración nasal.
- Obsérvate durante el día: pregúntate si estás respirando por la nariz o por la boca.
- Corrige el hábito poco a poco. Recuerda no forzar el cambio; practica de manera gradual en momentos de calma.

1.4.b) Respiración nasal en el deporte

En el deporte, respirar por la nariz puede transformar tu rendimiento y recuperación. Aunque puede parecer incómodo al principio, ayuda a regular el dióxido de carbono, optimizar el uso de oxígeno y mejorar la circulación gracias a la producción de óxido nítrico.

Si exhalar por la nariz durante el ejercicio te resulta complicado, prueba en momentos suaves, como caminatas o descansos activos. Deja que tu cuerpo se adapte gradualmente, sin prisa. Con el tiempo, notarás mejoras en tu rendimiento, energía y bienestar general.

¿Por qué es importante practicar esto con consciencia?

Es fundamental recordar que el cambio hacia una respiración nasal no debe forzarse en todo momento, especialmente si estás acostumbrado a respirar por la boca. Practicar la respiración nasal de manera consciente y en momentos específicos de calma, es clave para que tu cuerpo se adapte gradualmente y puedas evitar molestias.

La práctica consciente te permitirá experimentar sus beneficios sin interferir con las exigencias de tu vida diaria. Por ejemplo, puedes comenzar dedicando breves momentos en casa o durante ejercicios simples de respiración.

Lo más importante:

- La respiración nasal mejora tu salud física y emocional.
- Comienza practicándola en momentos tranquilos para que tu cuerpo se ajuste gradualmente.

Preguntas para reflexionar:

- ¿Has notado si tiendes a respirar más por la nariz o por la boca?
- ¿En qué momentos del día podrías comenzar a practicar la respiración nasal de forma consciente?

Superando las dificultades para respirar por la nariz

Es cierto, cuando empezamos a practicar la respiración nasal durante el ejercicio físico, exhalar por la nariz puede sentirse complicado, especialmente si estamos acostumbrados a liberar el aire por la boca. Pero aquí está la clave: es cuestión de práctica y paciencia.

Un ejemplo inspirador es el de Iga Swiatek, la tenista profesional número uno del mundo. Durante sus entrenamientos, su entrenador le coloca cinta adhesiva en la boca para obligarla a respirar exclusivamente por la nariz. Aunque esto puede sonar extremo, es una forma efectiva de reentrenar el cuerpo y desarrollar este hábito.

Tú no necesitas ir tan lejos; basta con que lo intentes gradualmente.

Lucía, una apasionada del ciclismo de montaña, solía terminar sus entrenamientos completamente exhausta y con dolor de garganta. Aunque tenía una excelente condición física, sentía que algo le faltaba para alcanzar su máximo rendimiento. Fue entonces cuando decidió probar la respiración nasal tras escuchar en una de mis conferencias que podía marcar una gran diferencia en el deporte.

Al principio, mantener la respiración por la nariz mientras subía pendientes empinadas era un reto enorme. *"Sentía que no iba a poder con el esfuerzo y que necesitaba abrir la boca para tomar más aire"*, recuerda. Sin embargo, siguió el consejo de practicar en rutas menos intensas. Poco a poco, su cuerpo comenzó a adaptarse. En unas semanas, notó que no solo podía completar sus recorridos con más energía, sino que su ritmo cardíaco se mantenía más estable y ya no sufría la molestia de una garganta seca.

Lo que más le impresionó fue su rendimiento en una carrera importante: *"Me sorprendió lo fuerte que me sentí en los últimos kilómetros. Tenía la mente clara y el cuerpo más preparado para darlo todo"*. Ahora, la respiración nasal forma parte de su rutina, y asegura que no solo mejoró su rendimiento, sino también su disfrute del deporte.

Preguntas para reflexionar:

- ¿En qué tipo de actividad física podrías comenzar a practicar la respiración nasal hoy mismo?

¿Y si tienes problemas crónicos en la nariz?

Si sufres de congestión nasal crónica por condiciones como desvío del tabique, rinitis, vegetaciones u otras dificultades que afectan tu respiración nasal, es importante ser consciente de tus límites. En tu caso, puede ser difícil o incluso imposible mantener la respiración nasal durante el ejercicio físico intenso. Forzarte a hacerlo podría generar más incomodidad y estrés en tu cuerpo.

Sin embargo, no te preocupes: más adelante en este libro encontrarás un apartado específico (3.1.b) dedicado a trabajar con este tipo de dificultades. Allí te presentaré recomendaciones y ejercicios que pueden ayudarte a mejorar el flujo respiratorio a través de la nariz, adaptando la práctica a tus necesidades.

Por ahora, si notas que la respiración nasal te resulta incómoda o inalcanzable, prioriza escuchar a tu cuerpo. Practica en actividades suaves o durante momentos de descanso, sin exigirte más de lo que te sientas capaz de hacer.

Cómo adaptarte a la respiración nasal durante el deporte

1. Empieza poco a poco:
Practica en actividades suaves, como caminar o estiramientos ligeros. A medida que te sientas más cómodo, lleva esta práctica a ejercicios de mayor intensidad.

2. Sé consciente de tu respiración:
Durante el ejercicio, observa cómo estás respirando. Si notas que estás respirando por la boca, intenta corregirlo y volver a la nariz.

3. Exhala también por la nariz:
Aunque puede ser incómodo al principio, exhalar por la nariz te ayudará a regular mejor tu ritmo y aprovechar los beneficios de la respiración nasal.

4. Aumenta gradualmente la intensidad:
Una vez que te sientas cómodo respirando por la nariz en actividades moderadas, prueba hacerlo en entrenamientos más intensos. Con el tiempo, tu cuerpo se adaptará y esta práctica se volverá más natural.

Beneficios a largo plazo

La respiración nasal no solo mejora tu rendimiento físico, sino también tu bienestar general. Fortalece tus pulmones, reduce la fatiga y mejora tu enfoque. Si tienes dificultades respiratorias, no te desanimes; recuerda que hay opciones y adaptaciones específicas para ti.

1.5) ¿Cómo mejora nuestra salud cuándo respiramos mejor?

Cuando aprendemos a respirar mejor, nuestro cuerpo, mente y emociones comienzan a funcionar de manera más equilibrada, abriendo la puerta a una calidad de vida que quizá no sabíamos que era posible.

Respirar de manera consciente transforma procesos cotidianos en herramientas de sanación interna, fortaleciendo sistemas clave del organismo y mejorando tu bienestar general.

1.5.a) Efectos transformadores en la salud

La respiración adecuada tiene beneficios inmediatos y duraderos, impactando positivamente diferentes aspectos de tu cuerpo, entre otros:

1. Mejor oxigenación y energía celular:
Una respiración más profunda favorece la regeneración celular y optimiza la energía disponible en tu cuerpo, ayudando a ralentizar el envejecimiento y potenciar tu bienestar físico.

2. Desintoxicación interna:
Una exhalación completa no solo elimina toxinas del cuerpo, sino que también regula los niveles de dióxido de carbono, facilitando el equilibrio interno y una mayor sensación de bienestar.

3. Alivio de tensiones musculares:
Una respiración superficial y rápida puede acumular tensiones en el cuello, los hombros y la espalda. Al respirar conscientemente, ayudas a liberar estas tensiones, mejorando tu postura, reduciendo dolores crónicos y promoviendo una mayor libertad de movimiento.

4. Fortalecimiento del sistema inmunológico y cardiovascular:
Respirar mejor oxigena tus órganos vitales, fortalece tus defensas naturales y reduce la inflamación en el cuerpo. También mejora la circulación sanguínea, regula la presión arterial y reduce la carga sobre el corazón.

5. Sueño reparador:
Respirar conscientemente antes de dormir te ayuda a relajarte, promoviendo un sueño más profundo y revitalizante.

Pienso en Raúl, un psicólogo que había sufrido migrañas durante más de una década. Me contó cómo su cuerpo reflejaba años de tensiones emocionales acumuladas: *"Era como si mi cuello estuviera atrapado en una armadura invisible"*, me dijo. Después de integrar la respiración consciente en su vida, experimentó un cambio profundo: *"Comencé a moverme con más libertad y las migrañas desaparecieron. Era como si mi cuerpo hubiera despertado"*. No solo mejoró su salud física, sino que también recuperó una energía vital que había olvidado que existía.

1.5.b) Beneficios emocionales y mentales

La respiración también actúa como un puente entre tu cuerpo y tus emociones. Respirar conscientemente, entre otras cosas, te ayuda a regular el estrés, procesar emociones reprimidas y calmar la mente.

1. Regulación del estrés:
Al respirar de manera lenta y profunda, activas el sistema nervioso parasimpático, el cual te lleva a un estado de relajación. Esto reduce los niveles de cortisol, la hormona del estrés, y te ayuda a mantener la calma en momentos desafiantes.

2. Claridad mental:
Una mejor oxigenación cerebral aumenta tu capacidad de concentración y enfoque. Cuando respiras conscientemente, te resulta más fácil tomar decisiones desde un lugar de calma y claridad.

3. Liberación emocional:
Las emociones reprimidas suelen alojarse en el cuerpo como tensiones y síntomas. Al conectar con tu respiración, puedes liberar estas emociones de manera segura, creando espacio para sentirte más ligero y equilibrado.

Superando el cansancio crónico con la respiración

Mi camino hacia la respiración consciente comenzó tras aquel retiro de meditación que marcó un antes y un después en mi vida. Aquella experiencia, en la que por primera vez sentí cómo mi respiración podía desbloquear emociones profundas, despertó en mí una curiosidad insaciable. A los 24 años, decidí investigar más sobre la respiración consciente y, sobre todo, practicarla.

Por aquel entonces, llevaba practicando meditación de forma asidua desde hacía tres años. Si bien esta disciplina me había traído calma y claridad mental, sentía que algo más profundo permanecía bloqueado, especialmente en mi cuerpo. Además, vivía con una condición que había cargado desde mi nacimiento: un problema en el bazo que me había dejado con una energía vital limitada. Era normal para mí sentirme cansada todo el tiempo. Necesitaba dormir hasta 15 horas al día solo para funcionar, y aún así, no me sentía realmente bien. Los médicos me advirtieron que este cansancio crónico podría empeorar con la edad y que era probable que, al llegar a los 40, enfrentara serios problemas de salud.

Con esa perspectiva, no fue fácil mantener la esperanza. Pero la conexión que había descubierto entre mi respiración y mis emociones me dio una pista: tal vez podía hacer algo para cambiar mi estado. Comencé practicando ejercicios simples, como observar mi respiración sin juicio y experimentar con técnicas que fomentaran una mayor profundidad y fluidez. Fue un proceso lento, pero cada pequeña práctica se sentía como un paso hacia adelante.

Al principio, los cambios fueron casi imperceptibles. Me sentía un poco más despierta al final del día o necesitaba dormir una hora menos para sentirme funcional. Pero a medida que practicaba con mayor constancia, algo dentro de mí comenzó a cambiar. Mi cuerpo, que había estado atrapado en un estado de agotamiento perpetuo, empezó a responder. Mi respiración se volvía más profunda, mi energía más estable y mi mente más clara.

Recuerdo un momento clave: después de unos meses de práctica, desperté una mañana sintiéndome más ligera, más presente. Por primera vez, no sentí ese peso constante de agotamiento que me había acompañado toda mi vida. Fue como si, poco a poco, la respiración consciente estuviera ayudándome a liberar algo mucho más profundo que la fatiga física.

Con los años, esta práctica se convirtió en una parte esencial de mi vida. No solo aprendí a manejar mi energía diaria, sino que también comencé a observar cómo la respiración me ayudaba a soltar emociones reprimidas y tensiones que antes drenaban mi vitalidad. Era como si cada inhalación me trajera nueva energía y cada exhalación me liberara de lo que ya no necesitaba.

Hoy, a los 55 años, me siento más viva que nunca. Contrario a las predicciones médicas, no solo no tengo problemas de salud significativos, sino que mi energía es mayor de lo que jamás imaginé.

Por eso, estoy convencida de que si pude superar el cansancio crónico que me había acompañado desde que nací —algo que he verificado numerosas veces a lo largo de mi carrera profesional—, cualquiera puede usar la respiración para mejorar su bienestar y reconectarse con una energía vital que quizás ni siquiera sabe que tiene.

Mariano, de Buenos Aires, por ejemplo, enfrentó un intenso proceso de sanación tras superar tratamientos oncológicos. Me compartió cómo la práctica de la respiración consciente transformó su vida: *"Al liberar dolores y tensiones en mi cuerpo, comencé a conectar con emociones que llevaba años reprimiendo. Poco a poco, las secuelas de los tratamientos comenzaron a desaparecer. Fue como si, al desbloquear mi respiración, desbloqueara mi vida"*. Este cambio no solo lo sanó físicamente, sino que también le permitió encontrar un equilibrio emocional que antes parecía inalcanzable.

Lo más importante:

- La respiración consciente impacta positivamente tu salud física, emocional y mental.
- Al regular tu respiración, reduces el estrés, liberas tensiones y mejoras tu bienestar general.
- Respirar mejor no requiere grandes cambios, solo atención y práctica constante.

Respirar mejor no es solo una técnica; es un acto transformador.

¿Estás listo/a para seguir explorando cómo una respiración más consciente puede cambiar tu vida? Sigamos profundizando, ¡Tu cuerpo, mente y emociones lo agradecerán!

1.6) Respira y expande tu cerebro

Nuestro cerebro está formado por dos hemisferios: el izquierdo y el derecho. Aunque trabajan juntos, cada uno tiene su especialidad. El hemisferio izquierdo es el más lógico y analítico; lo usamos para pensar con palabras, analizar datos y resolver problemas de manera estructurada. El hemisferio derecho, en cambio, es más creativo e intuitivo; es el que nos conecta con las emociones, las imágenes y la imaginación.

Cuando ambos hemisferios están en equilibrio, nuestra mente funciona de manera más eficiente y armoniosa, lo que tiene un impacto directo en cómo pensamos, sentimos y vivimos. Este equilibrio nos ayuda a tomar decisiones integrando la lógica con la intuición. No solo consideramos los hechos, sino también cómo nos sentimos respecto a ellos, lo que nos lleva a soluciones más acertadas y humanas.

Además, este balance mejora nuestra capacidad para gestionar emociones. Podemos sentir lo que sucede, entenderlo y procesarlo, lo que nos da más calma y estabilidad. También fortalece nuestra conexión con el cuerpo: escuchamos mejor sus necesidades, nos movemos con más fluidez y cuidamos de nosotros mismos de manera más consciente. Incluso nuestra comunicación mejora, volviéndose más clara y empática, porque somos capaces de conectar lo que decimos con lo que los demás sienten.

En términos de aprendizaje y adaptación, un cerebro equilibrado nos permite mantener una mente ágil, flexible y creativa, incluso con el paso del tiempo. En esencia, cuando nuestros hemisferios trabajan juntos, logramos integrar lo mejor de ambos mundos: la lógica y la creatividad, lo racional y lo emocional. Esto nos permite vivir de manera más consciente, conectados con nosotros mismos y con los demás, disfrutando de una sensación de plenitud que se refleja en todos los aspectos de nuestra vida.

Recuerdo el caso de Ana, una diseñadora gráfica que llegó a mí buscando maneras de sentirse más enfocada y menos ansiosa en su día a día. Durante nuestras sesiones, introdujimos la práctica de la respiración alterna como parte de su rutina. Después de algunas semanas, me comentó: *"He notado algo curioso. Antes, mi mente solía estar dispersa, saltando de una tarea a otra sin poder concentrarme. Pero ahora, después de unos minutos de respiración alterna, siento que mi cabeza se aclara y puedo organizar mis ideas con más facilidad. Incluso mis proyectos creativos fluyen mejor. Es como si mi mente estuviera más equilibrada".* Ana descubrió que este ejercicio no solo la ayudaba a enfocarse, sino también a conectar con su lado creativo sin sentir que la lógica y las emociones competían entre sí.

1.6.a) Ejercicio: 6 respiraciones alternas

Siempre comenzamos inhalando por la fosa nasal izquierda, ya que está conectada al hemisferio derecho del cerebro. Esto se debe a que los nervios que llevan información desde las fosas nasales se cruzan en la base del cerebro, conectando cada lado del cuerpo con el hemisferio opuesto. Así, cuando respiras por la fosa nasal izquierda, activas el hemisferio derecho, que está asociado con la intuición, la creatividad y la conexión emocional.

Este cruce es importante porque el hemisferio derecho suele ser menos utilizado en comparación con el izquierdo, que tiende a dominar nuestras actividades lógicas y analíticas.

Activar el hemisferio derecho a través de este ejercicio ayuda a equilibrar ambos lados del cerebro, permitiendo que trabajen juntos de manera más armónica.

La clave para hacer bien este ejercicio es recordar que siempre cambiamos de fosa nasal después de inhalar. El ritmo es sencillo:

1. Inhalas por la fosa nasal izquierda.

2. Cambias y exhalas por la derecha.

3. Inhalas por la derecha.

4. Cambias y exhalas por la izquierda.

Continúa alternando hasta completar 6 respiraciones.

La historia detrás del método Van Laere®

Tras años de explorar profundamente el impacto de la respiración consciente en mi propia vida, sentí el llamado de compartir este conocimiento con otros. Mi camino profesional comenzó mucho antes de que el método Van Laere® tomara forma, guiado por una curiosidad incansable y un compromiso con la transformación personal y colectiva.

A través de diferentes formaciones y mi propia práctica, fui descubriendo el inmenso potencial de la respiración para sanar y transformar. Nunca tuve la intención de crear un método; este se fue formando de manera natural, sobre el terreno, a partir de mis propias necesidades y de las que veía en las personas que acompañaba. Este recorrido, lleno de aprendizajes y experiencias, sentó las bases para un enfoque único y accesible, capaz de adaptarse a las necesidades de cada individuo.

El método Van Laere® es el resultado de más de tres décadas dedicadas a explorar y enseñar la respiración consciente. A lo largo de este camino, aprendí de figuras inspiradoras, principalmente Leonard Orr, con quien trabajé durante 15 años y quien me mostró el profundo potencial de la respiración como herramienta de transformación y autoconocimiento.

Además, mi aprendizaje se ha nutrido de la experiencia directa con miles de personas de diferentes edades, culturas y estilos de vida. Observando cómo cada inhalación y exhalación refleja emociones, tensiones y patrones únicos, descubrí que la respiración es, en sí misma, una guía sabia y poderosa. Estas vivencias me llevaron a diseñar un enfoque práctico y flexible, adaptado a las necesidades individuales y pensado para acompañar procesos de bienestar.

Desde hace años, también he tenido la fortuna de trabajar con médicos de diferentes especialidades que, tras formarse conmigo, han incorporado este método en sus prácticas clínicas. En el Instituto Internacional que dirijo, contamos con un equipo multidisciplinario de especialistas de distintos países, incluidos expertos en salud mental, que conocen en profundidad este enfoque y lo enseñan a sus pacientes.

Juntos hemos presenciado recuperaciones de salud maravillosas y hemos visto cómo la respiración consciente puede ser una herramienta transformadora en áreas tan diversas como la gestión del estrés, la mejora del sueño, la recuperación emocional y el fortalecimiento de la salud física. Estas transformaciones han ocurrido tanto en sesiones individuales como en los cursos presenciales y en el curso online, que ofrece una opción práctica y accesible para quienes desean profundizar desde casa. Cada formato refleja el propósito del método Van Laere®: acompañar a las personas en su camino hacia una vida más equilibrada, conectada y plena.

No se trata de seguir fórmulas rígidas, sino de aprovechar la capacidad innata de la respiración para conectar cuerpo, mente y emociones. Este trabajo ha sido creado para que cualquier persona, sin importar su experiencia previa, pueda beneficiarse de sus efectos y transformar su vida.

Mi intención es ofrecerte una guía para descubrir el poder de tu propia respiración. Esta herramienta universal siempre ha estado contigo, lista para ayudarte a vivir con más plenitud, equilibrio y conexión.

Es normal que notes una fosa nasal más abierta que la otra; esto es completamente natural. De hecho, en un cuerpo saludable, este predominio cambia cíclicamente más o menos cada dos horas. No necesitas forzar nada: simplemente deja que la respiración fluya cómodamente, con un poco más de profundidad de lo habitual.

Para que este ejercicio sea aún más fácil de realizar, escanea el código QR y sigue el video que preparé especialmente para ti.

Precaución para mujeres embarazadas: Este ejercicio puede impactar el sistema nervioso de forma intensa, por lo que es preferible optar por técnicas más suaves durante este periodo.

Frecuencia recomendada:

La respiración alterna es mucho más poderosa de lo que parece, por lo que es fundamental practicarla de forma gradual para evitar sobrecargar el sistema nervioso.

1. Comienza practicando una vez al día.

2. Después de un mes, puedes aumentar a dos veces por día si te sientes cómodo.

3. Pasado otro mes, puedes practicar hasta tres veces al día, que es el máximo recomendado.

No es necesario practicar más de tres veces diarias. Incluso una vez al día es suficiente para obtener grandes beneficios, siempre que se realice con constancia. Recuerda que la respiración consciente busca equilibrar, no forzar.

Aplicando los 5 principios de la respiración energética:

Para potenciar este ejercicio, aplica los principios que hemos explorado antes:

- Respira de forma conectada: Sin pausas entre la inhalación y la exhalación.
- Suelta la exhalación: Deja que el aire salga con naturalidad, sin empujar.
- Inhala con entusiasmo: Da un toque de vitalidad al inicio de cada inhalación.
- Acepta el pequeño desafío: Respira un poco más profundo de lo que te resulta fácil, sin llegar a forzar.

Observa tu experiencia:

Mientras practicas, presta atención a las sensaciones que surgen durante y después del ejercicio. *¿Cómo se siente tu cuerpo?, ¿Cómo cambia tu estado mental?*

Al terminar, dedícate unos minutos, preferentemente con los ojos cerrados, para conectar con lo que sientes y permitir que las sensaciones se asienten.

Con el tiempo, esta práctica se volverá más natural y sus efectos serán cada vez más evidentes.

Recuerda: Este ejercicio no se trata de cantidad, sino de calidad. Practicarlo con atención, aunque sea una vez al día, es suficiente para transformar tu conexión con tu respiración y equilibrar tu mente.

Lo más importante:

- La respiración alterna es una técnica poderosa que equilibra los hemisferios cerebrales.
- Este ejercicio solo puede practicarse por la nariz.
- Es importante comenzar de manera gradual, practicando una vez al día y aumentando lentamente hasta un máximo de tres veces diarias.
- Este ejercicio no es recomendable para mujeres embarazadas debido a su impacto en el sistema nervioso.

Preguntas para reflexionar:

- ¿Qué transformaciones podrías notar en tu claridad mental y equilibrio emocional al integrar este ejercicio en tu rutina diaria?

Es importante recordar que los resultados de la práctica de la respiración alterna no siempre son inmediatos ni lineales. En algunos casos, las personas pueden experimentar lo que llamamos una "crisis de mejora". Esto sucede cuando el cuerpo comienza a liberar tensiones, toxinas o patrones acumulados. La manifestación más común de esta liberación es la expulsión de mucosidad, tanto de las vías nasales como respiratorias, especialmente en personas con bloqueos previos. Esta respuesta es completamente normal y saludable, indicando que el sistema está trabajando para encontrar un nuevo equilibrio. Si esto ocurre, no te preocupes. Sigue practicando con suavidad y observa cómo tu cuerpo se equilibra progresivamente.

1.7) Síntomas de liberación y procesos de reparación

Al practicar los ejercicios de respiración consciente, es posible que experimentes una variedad de sensaciones físicas, emocionales o mentales. Algunas de ellas pueden ser sorprendentes, pero todas forman parte del proceso natural de ajuste, liberación y sanación. Estas experiencias, tanto positivas como desafiantes, son señales de que tu cuerpo está trabajando para alcanzar un estado más equilibrado y saludable.

Lo más importante es abordar la práctica con suavidad y nunca forzar. No necesitas hacer grandes esfuerzos; un pequeño ajuste consciente en tu respiración es suficiente para activar el cambio.

¿Qué son los síntomas de liberación?

Cuando comienzas a trabajar con tu respiración, es normal que emerjan emociones retenidas o tensiones acumuladas, al igual que mejoras notables en tu bienestar. Sin embargo, antes de experimentar estos beneficios, también puedes notar ciertos síntomas que son parte del proceso de transformación.

Síntomas agradables

- Más vitalidad: Incremento de la energía física y mental.
- Alivio de tensiones: Desaparición de dolores crónicos, rigidez o molestias físicas.
- Sensación de ligereza: Menos peso emocional o físico en el cuerpo.
- Conexión profunda: Mayor sensación de calma y equilibrio.
- Claridad mental: Pensamientos más claros y enfoque renovado.
- Mejor calidad de sueño: Más facilidad para descansar y despertarte con energía.
- Mejoras en la postura: Cambios en la forma en que te sostienes y mueves tu cuerpo.

Sensaciones y síntomas de liberación

Estas pueden ser un poco más intensas, pero son una parte natural del proceso de sanación:

- Hormigueo, calor o vibración en ciertas áreas del cuerpo.
- Lagrimeo espontáneo o la necesidad de suspirar profundamente.

• Liberación de emociones reprimidas como tristeza, enojo o miedo.

• Recuerdos o imágenes que emergen inesperadamente, con una sensación de comprensión o resignificación.

• Temblores: en ocasiones, el cuerpo libera tensiones acumuladas a través de temblores localizados.

Síntomas de detoxificación y ajustes físicos

En algunos casos, pueden aparecer síntomas relacionados con la limpieza profunda del cuerpo. Aunque estas sensaciones puedan ser incómodas, son señales positivas de que el cuerpo está ajustándose y reparándose:

• Dolor de cabeza o sensación de cansancio: síntomas comunes que suelen desaparecer rápidamente.

• Expulsión de mucosidades: cuando empezamos a respirar en zonas del cuerpo que estaban cerradas, los gérmenes acumulados pueden ser eliminados por el sistema, creando síntomas temporales. Este proceso fortalece los pulmones y deja espacio para una respiración más libre.

• Dolores musculares: algunas personas experimentan dolores similares a los que se sienten después de un masaje profundo, como resultado de la liberación de tensiones acumuladas en el cuerpo.

Para quienes tienen una buena salud general, estas molestias suelen ser leves y pasajeras, dando paso a un mayor bienestar físico y emocional.

Recomendaciones importantes

Si tienes un desafío de salud importante, es recomendable trabajar con la guía de un profesional capacitado. En estos casos, puedes atenderte con alguno de nuestros especialistas o participar en un curso en el que trabajamos en conjunto con médicos competentes, asegurando el mejor seguimiento posible.

Confía en tu proceso, práctica con amabilidad y permite que tu cuerpo recupere su equilibrio de manera natural.

Cómo manejar estas sensaciones

1. Haz máximo 20 respiraciones conectadas:
Este límite es clave para evitar sobrecargar tu sistema. Recuerda que más no siempre es mejor; lo importante es practicar con suavidad y consciencia.

2. Evita forzar:
No se trata de luchar contra el cuerpo ni de buscar resultados inmediatos. Cada respiración debe ser un pequeño esfuerzo consciente, lo justo para salir de tu zona de confort sin generar tensión.

3. Descansa e integra antes de continuar:
Asegúrate de que cualquier sensación física o emocional haya desaparecido antes de realizar otro ejercicio. Este tiempo de integración permite que los beneficios se consoliden.

4. Observa con curiosidad y calma:
Si algo se siente intenso, haz una pausa y respira suavemente. Permítete explorar las sensaciones sin juicio ni expectativa. Pregúntate:

- *¿Qué estoy sintiendo ahora?*
- *¿Cómo se siente mi cuerpo con esta experiencia?*

5. Agradece las señales de tu cuerpo:
Tanto las sensaciones positivas como las liberadoras son mensajes de que tu cuerpo está trabajando para sanar. Agradece lo que surge y confía en el proceso.

6. Busca apoyo si lo necesitas:
Si deseas profundizar en tu práctica o contar con la guía de un experto, revisa el apartado de sesiones individuales de respiración en el anexo. Allí encontrarás detalles sobre cómo un facilitador profesional puede acompañarte en este camino. También puedes considerar asistir a uno de mis seminarios, donde recibirás orientación personalizada en un entorno seguro y enriquecedor.

Un proceso seguro y transformador

Practicar respiración consciente es una experiencia profundamente restauradora. Con cada inhalación y exhalación, tu cuerpo y mente se recalibran, liberando lo que ya no necesitas y abrazando lo nuevo.

Recuerda que este proceso es único para cada persona y no hay un ritmo correcto ni una experiencia universal. Si experimentas síntomas positivos como más vitalidad o alivio del dolor, disfrútalos plenamente. Si surgen sensaciones desafiantes, míralas como oportunidades para sanar y crecer.

La clave está en no forzar, sino en permitir que la respiración fluya con naturalidad, haciendo solo el esfuerzo necesario para mantenerte presente en la práctica.

Tu cuerpo tiene una capacidad innata para autorregularse. Con paciencia, práctica y la guía adecuada, podrás disfrutar de los innumerables beneficios de una respiración consciente.

Confía en tu proceso, respira con calma y permite que la transformación ocurra a su propio ritmo.

Lo más importante:

- La respiración consciente activa procesos de sanación, generando tanto sensaciones agradables como síntomas de liberación.
- Practica con suavidad, sin forzar, y limita las respiraciones conectadas a un máximo de 20 por sesión.
- Descansa e integra antes de continuar, observando las sensaciones con gratitud y confianza en el proceso natural de tu cuerpo.

CAPÍTULO 2

RESPIRA Y SIENTE

Sentir, al igual que respirar, es una capacidad profundamente humana que a menudo damos por sentada. Sin embargo, cuando lo hacemos de manera consciente, descubrimos un mundo interno lleno de mensajes que nuestro cuerpo, mente y emociones nos envían. En este capítulo, aprenderemos a escuchar y sentir esas señales de forma consciente, usando la respiración como una herramienta para reconectar y transformar.

2.1) Tu cuerpo te habla

En el capítulo anterior exploramos cómo la respiración puede convertirse en una herramienta para observarnos y transformarnos. Ahora, daremos un paso más allá al escuchar lo que nuestro cuerpo tiene para decirnos, decodificando sus mensajes a través de sensaciones y de la respiración.

Aunque la mente puede distorsionar emociones y racionalizar acciones, el cuerpo refleja de forma auténtica lo que realmente vivimos. Mientras la mente elabora explicaciones y evade lo incómodo, las señales físicas actúan como un espejo honesto de nuestras emociones. Por ejemplo, podrías estar convencido de que no sientes enojo tras una discusión, diciéndote a ti mismo frases como *"estoy bien"* o *"no importa"*. Sin embargo, tu cuerpo puede revelar otra verdad: tal vez tu mandíbula está apretada, tu exhalación empujada o tus hombros tensos.

El cuerpo tiene un lenguaje universal: ciertas tensiones y sensaciones pueden expresar emociones comunes a todos los seres humanos, como el nudo en el estómago asociado al miedo o el peso en los hombros relacionado con la carga emocional. Sin embargo, este lenguaje también es único para cada persona, porque nuestras experiencias, historias y patrones de vida influyen en cómo se manifiestan estas señales.

Carla, por ejemplo, descubrió de forma inesperada cómo su cuerpo reflejaba emociones no procesadas. Durante mucho tiempo, había sentido un nudo en la garganta al final del día, que atribuía al estrés o al cansancio. Fue al realizar un ejercicio de observación consciente cuando se permitió detenerse y prestar atención a esa incomodidad. Al hacerlo, notó que estaba profundamente ligada a una emoción: la frustración. Cada vez que callaba lo que pensaba o sentía, el nudo se hacía más evidente.

Ese ejercicio le permitió comprender que no solo se trataba de un malestar físico, sino de un mensaje de su cuerpo: necesitaba aprender a expresarse para aliviar la sensación. Aunque el nudo seguía ahí al terminar, sentía que el simple acto de observarlo había comenzado a suavizarlo. Para Carla, fue el inicio de un cambio hacia una relación más consciente con sus emociones.

El cuerpo se comunica constantemente, ya sea a través de sensaciones universales que compartimos como humanos o de expresiones únicas que reflejan nuestra historia personal. Una respiración agitada puede revelar ansiedad, un nudo en el estómago puede delatar un miedo oculto, y el peso en los hombros puede ser la manifestación física de cargas emocionales. Estas señales no son casuales; son mensajes que nos invitan a mirar más allá de la superficie y conectar con nuestras necesidades más profundas.

Escuchar estas señales con curiosidad y sin juicio abre una puerta hacia el autoconocimiento y la transformación. Vivir desconectados de nuestro cuerpo es algo común en una vida cotidiana llena de estímulos y distracciones, pero reconectar con estas señales no requiere grandes esfuerzos. Una pregunta tan simple como: *"¿Qué está tratando de decirme mi cuerpo?"*, aunque no siempre tenga una respuesta inmediata, puede ser el inicio de una relación más consciente con nosotros mismos.

Al atender estas señales con atención, descubrimos emociones reprimidas, límites traspasados o necesidades que hemos ignorado. Este proceso nos acerca a un mayor equilibrio interno y nos motiva a cuidarnos de manera más integral. Cada mensaje que desciframos nos transforma, ayudándonos a vivir con más plenitud y conexión.

El ejercicio que viene a continuación no es solo una práctica más; es una invitación a redescubrir tu relación con tu cuerpo. Al explorar las sensaciones que habitan en ti, comenzarás a descifrar el lenguaje único con el que tu cuerpo se comunica. Tómate unos minutos para realizarlo con calma y curiosidad, preferiblemente en un lugar tranquilo, y observa qué descubres.

Así como la respiración te da pistas sobre tu estado interno,
tu cuerpo también habla constantemente a través de sensaciones.

Lo más importante:

- El cuerpo refleja nuestras emociones con sinceridad, incluso cuando la mente intenta ocultarlas.
- Su lenguaje combina señales universales con expresiones únicas de nuestra historia personal.
- Observar las tensiones y sensaciones físicas, con curiosidad y sin juicio, es clave para entender sus mensajes.

2.1.a) Mapeando las sensaciones en tu cuerpo

Te invito a explorar las sensaciones de tu cuerpo como una manera de profundizar en la conexión contigo mismo. Recuerda que no se trata de cambiar o corregir, sino de escuchar y estar presente, observando con curiosidad.

1. Observa tu cuerpo con una mirada fresca

Cierra los ojos, y permite que tu atención recorra tu cuerpo como si lo estuvieras descubriendo por primera vez. No hay nada que corregir ni nada que lograr. Simplemente nota lo que hay: *¿qué sientes en este momento?*

2. Detecta las sensaciones incómodas

Lleva tu atención a las áreas donde percibes tensión, dolor o incomodidad. ¿Dónde se encuentran?, ¿Cómo las describirías? Tal vez se sienten punzantes, opresivas o pesadas. En lugar de resistirlas o tratar de cambiarlas, quédate con ellas un momento. Nota si cambian mientras las observas y cómo te hace sentir prestarles atención.

3. Explora las sensaciones agradables

Ahora cambia el foco hacia las partes de tu cuerpo que se sienten relajadas, energéticas o agradables. Podrían ser sensaciones cálidas, suaves o expansivas. Observa estas sensaciones con el mismo detalle, disfrutándolas conscientemente. *¿Cual es tu sentir emocional al enfocarte en estas áreas?*

Este simple acto de observar, sin juicio, abre la puerta a una relación más cercana con tu cuerpo. *¿Qué mensaje tiene para ti hoy?*

Preguntas para guiar tu exploración

Puedes usar estas preguntas como una guía para profundizar en lo que tu cuerpo te muestra. Si lo deseas, responde por escrito para reflexionar y observar cómo cambia tu experiencia con el tiempo.

Sobre las sensaciones incómodas:

1. ¿Qué partes de tu cuerpo presentan las sensaciones más incómodas?

2. ¿Cómo describirías estas sensaciones? (Ejemplo: punzantes, tensas, pesadas, opresivas).

3. ¿Son muchas o pocas las áreas que percibes incómodas?

4. ¿Cómo es la intensidad de esas sensaciones? ¿Leve, moderada o intensa?

5. ¿Cambian estas sensaciones mientras las observas o permanecen constantes?

6. ¿Cómo te sientes emocionalmente al prestar atención a estas sensaciones?

Sobre las sensaciones agradables:

1. ¿En qué partes de tu cuerpo percibes las sensaciones más agradables o relajantes?

2. ¿Cómo describirías estas sensaciones? (Ejemplo: cálidas, ligeras, expansivas, suaves).

3. ¿Notas algún cambio en estas sensaciones a medida que las observas?

4. ¿Qué emociones surgen cuando te enfocas en estas sensaciones positivas?

5. ¿Cómo se siente tu respiración en las áreas donde hay relajación o energía?

Reflexión general:

1. ¿Notaste un cambio en tu cuerpo o en tu mente después del ejercicio?

2. ¿Fue más fácil observar las sensaciones agradables o las incómodas? ¿Por qué crees que ocurrió así?

3. ¿Qué aprendiste sobre tu cuerpo al realizar este ejercicio?

4. ¿Cómo describirías el estado general de tu cuerpo y mente al terminar?

Si prefieres responder estas preguntas con más calma o repetir el ejercicio, escanea el código QR para descargar un archivo imprimible y úsalo cuantas veces desees.

2.1.b) Sensaciones y respiración: un mapa en constante cambio

Continuando este viaje hacia una mayor conexión contigo mismo, exploraremos ahora cómo la respiración y las sensaciones se entrelazan, ayudándonos a acercarnos a descubrir más sobre el lenguaje único de tu cuerpo.

Así como la respiración refleja lo que sucede en nuestro interior, también puede influir directamente en nuestras sensaciones. Observar cómo respiras mientras exploras tus sensaciones te permitirá no solo escucharlas, sino también empezar a transformarlas. Es un diálogo continuo entre cuerpo y mente, y que comienza con una inhalación.

Observar las sensaciones en tu cuerpo es como crear un mapa que refleja tu estado presente. Este mapa no es estático; cambia con cada respiración, cada movimiento y cada momento de atención consciente que le dedicas.

Esta práctica no consiste en solucionar o corregir algo de inmediato, sino en escuchar. Crear este espacio interno es en sí mismo un acto de sanación. Descubres qué áreas necesitan cuidado, qué partes te brindan tranquilidad y cómo puedes relacionarte mejor con tu cuerpo.

Un ejemplo de cómo ello puede transformarnos lo encontramos en la experiencia de Silvia, quien pasó de sentir desconexión total a redescubrir el placer en su cuerpo y en su vida: Silvia llevaba años viviendo desconectada de su cuerpo. Su rutina estaba llena de obligaciones y distracciones, y apenas se daba tiempo para detenerse y sentir. Cuando realizó este ejercicio por primera vez, tuvo dificultades para identificar sensaciones agradables en su cuerpo. Al principio, no encontraba nada que pudiera describir como placentero o relajante, lo cual reforzó la sensación de desconexión que ya sentía.

Sin embargo, en lugar de frustrarse, Silvia decidió concentrarse con curiosidad y se apoyó en su respiración para mantenerse presente. Al enfocarse en el ritmo natural de su inhalación y exhalación, notó que su respiración, aunque sutil, parecía suavizar la tensión general de su cuerpo. Mientras observaba cómo el aire entraba y salía, su atención fue guiada de forma natural hacia un pie, donde percibió un leve hormigueo agradable que nunca había notado antes.

Esa pequeña sensación, acompañada del flujo constante de su respiración, se convirtió en su punto de partida. Silvia descubrió que, al sincronizar su respiración con su atención a las sensaciones, era más fácil explorar lo que su cuerpo le mostraba. A medida que continuaba con la práctica, su respiración se volvía un poco más profunda y relajada, lo que parecía abrirle espacio para identificar cada vez más sensaciones agradables en otras partes de su cuerpo.

Con el tiempo, no solo pudo reconectar con el placer físico, sino también con una sensación de bienestar en su vida cotidiana. Silvia descubrió que su cuerpo tenía mucho más para ofrecerle de lo que ella imaginaba, siempre y cuando le dedicara el tiempo, la atención y la consciencia de su respiración.

Conforme comienzas a explorar este mapa interno, notarás que se vuelve aún más claro y útil cuando incorporas la herramienta fundamental de la respiración. Más allá de ser un proceso físico, la respiración es la llave que abre la puerta a un entendimiento más profundo de nuestro cuerpo. A través de ella, no solo podemos escuchar lo que el cuerpo nos dice, sino también responder a sus necesidades con calma y consciencia.

La respiración conecta y transforma. Mientras que la observación de las sensaciones nos muestra el estado actual del cuerpo, la respiración nos permite interactuar con esas sensaciones, creando espacio donde antes había bloqueo. Es como si actuara como un puente entre el cuerpo y la mente, ayudándonos a comprender lo que sentimos y a habitarlo de manera más plena.

En este camino de autoconexión, la respiración no solo complementa la observación del cuerpo, sino que la lleva a un nivel más profundo. Al integrarla en nuestra práctica, podemos empezar a trabajar de manera activa con lo que el cuerpo nos muestra, abriendo la puerta a un equilibrio físico, emocional y mental más duradero.

Además de transformar, la respiración también actúa como una brújula interna, guiándonos hacia una mejor comprensión de cómo nos estamos relacionando con nuestras emociones y nuestro estado interno. Antes de usarla como una llave para transformar o equilibrar, lo que vamos a hacer es simplemente observar: *¿dónde respiras?*

La respiración puede sentirse de diferentes maneras y en distintas partes del cuerpo. Observar dónde ocurre tu respiración, sin intentar cambiarla, nos da una idea clara de cómo estás en este momento.

Al prestar atención a dónde y cómo respiras, empezamos a desentrañar los mensajes que el cuerpo nos está enviando, muchas veces de forma sutil y otras veces de manera intensa. Entonces, lo que haremos a continuación es explorar el lugar en el que habita tu respiración ahora mismo. Sin forzarla, sin juzgarla, simplemente siendo testigos de cómo se mueve tu cuerpo con cada inhalación y exhalación, permitiéndote descubrir lo que está presente en este momento.

Reconectar con tu cuerpo es un viaje continuo, no un destino. Cada sensación que observes, cada respiración que escuches, es un paso hacia una vida más consciente y plena.

Recuerda que tu cuerpo siempre está hablando.
Lo único que necesitas es aprender a escuchar.

Lo más importante:

- La respiración y las sensaciones forman un diálogo constante entre cuerpo y mente.
- Observarlas con paciencia y apertura permite entenderlas y transformarlas.
- La respiración es una herramienta clave para explorar y equilibrar lo que sientes.

Habitar tu cuerpo, habitar tu vida

Cuando era joven, vivía como si estuviera siempre "de paso". Mi cuerpo era un lugar al que no prestaba mucha atención, como si fuera simplemente un vehículo funcional para moverme por el mundo. Mis días estaban llenos de desconexión: aunque físicamente estuviera presente, mi mente y mi corazón parecían estar en otra parte, siempre buscando algo más allá, algo fuera de mí.

Esa sensación de no habitarme me mantenía distante de lo que sentía, de lo que realmente necesitaba. En el fondo, era como si no me hubiese comprometido plenamente con mi propia vida. Estar "fuera" de mi cuerpo era una forma de evitar la incomodidad, el dolor o la incertidumbre. Pero también significaba que no podía sentir la plenitud, la alegría ni la verdadera conexión conmigo misma.

Aprender a habitar mi cuerpo cambió mi vida. Descubrí que, al reconectar con mi respiración, podía comenzar a sentir mi interior de una manera nueva. Y en esa presencia —en ese acto de decidir que mi cuerpo era mi hogar— encontré algo profundo: una sensación de pertenencia, de arraigo, de propósito.

Habitar tu cuerpo es comprometerte con tu vida. Cuando lo haces, algo mágico comienza a suceder: las cosas empiezan a funcionar. Tu energía fluye mejor, tus emociones encuentran su cauce y, de repente, sientes que estás realmente aquí, viviendo de verdad. Porque cuando te anclas en tu cuerpo, te anclas en el presente, y desde ahí, todo empieza a cobrar sentido.

Habitar tu cuerpo es el terreno firme sobre el que construir una vida más plena y auténtica. Es un acto de valentía, sí, pero también un regalo inmenso que transforma profundamente tu relación contigo mismo y con el mundo.

2.2) Ejercicio: ¿dónde respiras?

Ahora que has comenzado a crear un mapa interno a través de tus sensaciones, es momento de prestar atención a un aspecto esencial de este proceso: *"¿dónde ocurre tu respiración?"*

El siguiente ejercicio es una oportunidad para observarte desde una perspectiva nueva. Al explorar dónde ocurre tu respiración, comenzarás a descifrar patrones y mensajes que tu cuerpo ha estado enviándote. Tómate unos minutos para realizarlo con calma y curiosidad; este pequeño gesto puede marcar una gran diferencia en tu conexión contigo mismo. Te ayudará a conectar con tu respiración y a descubrir dónde ocurre en tu cuerpo de forma natural en este momento. Por ahora no necesitas cambiar nada, simplemente observar con curiosidad y atención.

1. Encuentra un lugar cómodo

Siéntate en una posición cómoda, con la espalda recta pero relajada. Puedes cerrar los ojos si lo prefieres o dejarlos suavemente enfocados en un punto fijo.

2. Lleva tu atención a la respiración

Comienza notando el ritmo de tu respiración. ¿Es rápida o lenta?, ¿Superficial o profunda? No intentes modificarla, solo obsérvala tal como es en este momento.

3. Explora dónde ocurre tu respiración

Dirige tu atención a las diferentes partes de tu cuerpo y observa dónde sientes más la respiración:

- *En tu abdomen: ¿Se expande y contrae con cada respiración?*
- *En tu pecho: ¿Notas cómo se eleva y desciende al inhalar y exhalar?*
- *En tus costillas laterales: ¿Sientes algún movimiento en esta zona?*
- *En tu garganta o fosas nasales: ¿Percibes la entrada y salida del aire en estas áreas?*

4. Reconoce patrones

¿Tu respiración está concentrada en un área específica o se siente repartida por varias partes del cuerpo?, ¿Notas alguna diferencia entre la inhalación y la exhalación?

5. Observa cómo te sientes

Sin juzgar ni intentar cambiar nada, pregúntate:

- *¿Cómo me hace sentir la respiración tal como es ahora?*
- *¿Hay comodidad o alguna incomodidad en cómo respiro?*

6. Agradece tu observación

Cuando te sientas listo, lleva tu atención de vuelta al lugar donde estás sentado. Agradece este momento de conexión contigo mismo y toma una última respiración profunda antes de continuar con tu día.

Este ejercicio es una manera sencilla y poderosa de tomar consciencia de tu respiración. Al hacerlo con regularidad, empezarás a notar patrones en cómo respiras y cómo estos se relacionan con tu estado físico y emocional.

2.2.a) Pecho o abdomen: lo que revela tu respiración

Lo que observaste durante el ejercicio anterior es un paso valioso para comprender cómo está funcionando tu cuerpo ahora. Dónde respiramos —y dónde no— revela mucho sobre cómo estamos, tanto física como emocionalmente.

Para muchas personas, la respiración tiende a concentrarse más en el pecho o en el abdomen, mientras que otras zonas, como el diafragma, permanecen menos activas o bloqueadas. Esto no es algo malo ni algo que debamos corregir de inmediato; es simplemente una adaptación del cuerpo a nuestras experiencias, emociones y hábitos.

Cuando la respiración está equilibrada, tanto el pecho, el abdomen como el diafragma, trabajan juntos en un movimiento fluido y armonioso. Este equilibrio permite que el cuerpo reciba la oxigenación que necesita y que las emociones fluyan de manera natural.

Por el contrario, si uno de estos segmentos está menos activo, podría ser una señal de tensiones o bloqueos acumulados con el tiempo.

Bloqueos en el pecho, abdomen y diafragma

- **Pecho bloqueado:**

La rigidez en el pecho suele estar relacionada con tensiones en los músculos intercostales, el cuello o los hombros. A nivel emocional, suele reflejar dificultades para procesar tristeza, dolor o vulnerabilidad, funcionando como una barrera protectora frente a emociones profundas.

- **Abdomen bloqueado:**

Cuando el abdomen está rígido, la respiración se concentra en el pecho. Esto suele estar vinculado con estrés crónico o un miedo a soltar el control, ya que el abdomen simboliza estabilidad y seguridad.

- **Diafragma bloqueado:**

Un diafragma bloqueado refleja miedo acumulado, muchas veces desde la infancia. Este bloqueo puede dificultar la capacidad de confiar plenamente en la vida y fluir con sus cambios. También afecta la profundidad de la respiración, generando una sensación constante de tensión o dificultad para relajarse.

Al observar estas tensiones con curiosidad y sin juicio, podemos empezar a desbloquear estas áreas poco a poco. Este proceso no solo mejora nuestra capacidad respiratoria, sino que también facilita una conexión emocional más profunda, ayudándonos a sentirnos más completos, seguros y en calma.

¡Sigamos explorando este camino juntos!

Explorar las zonas habitadas y deshabitadas de tu cuerpo
a través de la respiración, te conecta con
lo que necesitas sentir para liberar y transformarte.

2.3) ¿Qué revela tu respiración sobre tus emociones?

Nuestra respiración es un reflejo de nuestras emociones, tanto las actuales como las que hemos acumulado a lo largo de la vida. Cuando éramos bebés, respirábamos libremente con todo el cuerpo, sincronizando nuestras emociones con cada inhalación y exhalación. Sin embargo, con el tiempo la respiración cambió, adaptándose a nuestras experiencias.

Por ejemplo, el abandono o la soledad podrían haber bloqueado la respiración en el pecho, mientras que la inseguridad o el miedo a perder el control podrían haber generado rigidez en el abdomen. Estas adaptaciones, aunque útiles en su momento, se convierten en patrones que limitan nuestra capacidad de respirar libremente.

La práctica de observar tu respiración te ayuda a identificar cómo estas emociones han moldeado tu cuerpo. En lugar de luchar contra lo que encuentres, puedes aprender a aceptar estas tensiones como parte de tu historia, usándolas como punto de partida para reconectar contigo mismo.

2.3.a) Emociones y tensiones crónicas

Estas tensiones, conocidas como la coraza muscular, no son errores, sino mecanismos de defensa que nos protegieron de emociones que no sabíamos cómo manejar. Sin embargo, al permanecer en el tiempo, estas tensiones nos desconectan de nuestro cuerpo y emociones.

La coraza muscular puede manifestarse en diferentes partes del cuerpo:

- Mandíbula y garganta: Reflejan emociones no expresadas, como la frustración o el miedo a hablar.
- Cuello y hombros: Relacionados con la necesidad de control y el sobrecargarse.
- Pecho: Endurecido por tristeza o vulnerabilidad reprimida.
- Abdomen y zona lumbar: Asociados con el miedo o el estrés crónico.

Estas tensiones afectan nuestra postura, respiración y la forma de movernos. Pero lo importante es recordar que no tienen por qué ser permanentes. A través de la consciencia y la práctica de la respiración, podemos suavizarlas, redescubriendo una conexión más libre y profunda con nuestro cuerpo.

Cada persona tiene una coraza única, formada por las emociones y experiencias de su vida. Al observar estas tensiones con atención, comienzas a desentrañar la historia que tu cuerpo ha estado contando, incluso sin palabras. Este es un proceso que requiere amabilidad contigo mismo y un deseo de reconectar con las partes de ti que han permanecido en silencio.

Liberar estas tensiones es un proceso único y transformador. Implica profundizar en la conexión con tu cuerpo, reconocer qué zonas están rígidas o inmóviles, y explorar cómo respiras para poco a poco facilitar un cambio consciente y liberador.

Como Clara, quien al inicio sentía que su pecho estaba atrapado, acompañado por una constante sensación de angustia que no lograba identificar del todo. Tras unas semanas de práctica, describió que era como si *"hubiera quitado una piedra que llevaba encima"*. Al liberar esa tensión, no solo su respiración se volvió más ligera, sino que también comenzó a experimentar una mayor calma emocional y claridad para manejar situaciones difíciles. Su respiración y su vida, se transformaron de manera profunda y liberadora.

Recuerda: tu cuerpo tiene la capacidad de sanar y adaptarse.
Todo comienza con una simple observación:
¿Qué está revelando tu respiración?

Lo más importante:

- Nuestra respiración refleja las emociones y experiencias que hemos vivido, desde la infancia hasta el presente.
- Los bloqueos respiratorios no son fallos, sino mecanismos de defensa que nuestro cuerpo utilizó para protegernos.
- Observar estas tensiones con curiosidad y sin juicio es el primer paso para liberarlas, y recuperar una respiración más plena y libre.
- La coraza muscular, aunque creada para protegernos, puede transformarse con práctica consciente, devolviéndonos la conexión con nuestras emociones y nuestra autenticidad.

Preguntas para reflexionar:

- Si tu cuerpo pudiera hablar, ¿qué crees que diría sobre las emociones que ha sostenido a lo largo del tiempo?
- Al observar tu respiración hoy, ¿en qué parte del cuerpo sientes que ocurre con mayor facilidad?, ¿Qué zona parece más bloqueada o rígida?
- ¿Qué emociones podrías estar sosteniendo en esas áreas?
- ¿Cómo crees que cambiaría tu vida si pudieras respirar con más libertad y conexión?

2.3.b) Ejercicio: respira en las zonas olvidadas

Como vimos en el apartado anterior, todos tenemos una coraza muscular que refleja emociones que no hemos procesado. Ahora vamos a enfocarnos en esas zonas del cuerpo que, debido a esta coraza, hemos dejado de sentir o habitar plenamente. Estas zonas olvidadas coinciden con áreas donde la respiración no fluye con facilidad.

Este ejercicio es una invitación a explorar tu cuerpo con curiosidad y amabilidad, respirando y llevando tu atención a las áreas que sientas más bloqueadas. Hazlo en un lugar tranquilo y cómodo, permitiéndote estar completamente presente en cada momento.

Pasos para el ejercicio

1. Siéntate o acuéstate en una posición cómoda.

Asegúrate de estar en un lugar donde puedas relajarte completamente. Cierra los ojos si lo prefieres, para centrar tu atención en tu cuerpo.

2. Observa tu respiración natural.

Nota cómo estás respirando en este momento, sin intentar cambiar nada. ¿Dónde sientes que tu respiración fluye con más facilidad?, ¿Y dónde parece que no llega?

3. Identifica una zona bloqueada o rígida.
Lleva tu atención a una parte de tu cuerpo donde sientas tensión, incomodidad o rigidez. Podría ser el pecho, el abdomen, el cuello, los hombros, las piernas o cualquier otra área que percibas como "olvidada".

4. Observa tus sensaciones físicas.
Nota qué ocurre mientras observas esta zona:

- *¿La tensión cambia o permanece igual?*
- *¿Las sensaciones son punzantes, pesadas o cálidas?*
- *¿Qué ocurre con tu respiración mientras mantienes el foco?*

5. Conecta con tus emociones.
Pregúntate si hay alguna emoción asociada a esta zona bloqueada. ¿Sientes tristeza, miedo, enojo o algo más? No intentes juzgar ni resolver nada; simplemente observa y permite que las emociones emerjan.

6. Haz el ejercicio de las 20 respiraciones conectadas
Realiza 20 respiraciones conectadas mientras mantienes tu atención en esta zona. Si la incomodidad aumenta, obsérvala con calma, permitiéndote permanecer presente sin forzar.

7. Registra lo que sientes.
Al finalizar, reflexiona sobre cómo se siente esa parte del cuerpo ahora. ¿Notaste algún cambio en la tensión, la respiración o tus emociones?

Reflexión después del ejercicio

Este ejercicio puede generar alivio inmediato o activar sensaciones intensas de reparación. Ambos escenarios son señales de que estás trabajando en algo importante. Recuerda que no se trata de forzar, sino de hacer un pequeño esfuerzo consciente y observar con paciencia.

Como aprendimos en la sección anterior sobre emociones y tensiones crónicas, estas zonas olvidadas suelen estar relacionadas con experiencias pasadas que quedaron sin procesar. Observarlas no solo libera tensión física, sino que también abre la puerta a una mayor conexión emocional y mental.

Tu cuerpo tiene una sabiduría única.
Escúchalo con atención y respira con amabilidad.

2.3.c) Desviaciones de la respiración: un reflejo de tu historia personal

Tal como lo hemos estado haciendo, a medida que profundizamos en la observación de nuestra respiración, somos más conscientes de cómo fluye o dónde se siente limitada. Con los ejercicios realizados, ahora tendrás más consciencia de dónde están las tensiones en tu cuerpo y de cómo estas pueden afectar el ritmo natural de inhalar y exhalar. Ahora es el momento de dar un paso más y comprender cómo esas limitaciones, o desviaciones en la respiración, están profundamente conectadas con tus experiencias pasadas, tus emociones y la forma en que has aprendido a relacionarte con la vida.

La respiración es un espejo de quién eres y de cómo has vivido. Cada inhalación y exhalación cuenta una historia sobre tu relación con la vida, con tus emociones y con las situaciones que has enfrentado. Las desviaciones en la respiración —ya sea una inhalación débil, una exhalación retenida o una rigidez en ciertas áreas del cuerpo— no son fallos, sino adaptaciones que tu cuerpo ha desarrollado para protegerte en momentos de dificultad.

Al observar tu respiración con mayor detalle, puedes empezar a desentrañar esas historias y liberar los patrones que ya no te sirven. Las desviaciones no son definitivas ni inamovibles; son pistas que te guían hacia un entendimiento más profundo de ti mismo y hacia una mayor libertad física y emocional. Vamos a dar juntos unos pasos para entender estas desviaciones, su significado y cómo puedes empezar a transformarlas, sin prisas ni juicios.

Inhalación débil o superficial

Cuando la inhalación es débil, es decir poco profunda y con falta de fuerza, refleja una dificultad para recibir lo que la vida ofrece. Este patrón suele surgir de la desconexión con la motivación o el entusiasmo, como si faltara la energía vital necesaria para avanzar. También puede estar relacionado con tensiones internas profundas que se han instalado como consecuencia de la represión del impulso de vida, limitando la expansión natural del cuerpo al tomar aire.

La forma en que inhalamos no solo afecta nuestra respiración, sino también nuestra capacidad de relacionarnos con el mundo. Si notas que tu inhalación es limitada, este puede ser un llamado a fortalecer tu impulso vital: a reconectar con tu curiosidad, entusiasmo y apertura para recibir lo que la vida tiene para ofrecer.

Este patrón puede estar relacionado con varias experiencias de vida, como la vivencia de acontecimientos tristes o duelos no resueltos que dejaron una marca profunda en el cuerpo y la mente. Cuando estos eventos no se procesan completamente, el cuerpo puede cerrarse, restringiendo tanto el flujo de la respiración como la capacidad de avanzar con confianza y vitalidad.

Por ejemplo, un niño que creció en un entorno donde la expresión de entusiasmo era reprimida, o donde se le enseñó a minimizar sus necesidades y emociones para no incomodar a los demás, podría desarrollar un patrón de inhalación débil. Estas experiencias suelen reforzar una sensación de inseguridad o miedo al cambio, que se manifiesta en una respiración limitada y una desconexión con el impulso natural hacia la vida.

Recuerdo el caso de una alumna que durante una sesión de respiración consciente se dio cuenta de que su inhalación era apenas perceptible. Al reflexionar, compartió que en su infancia solía sentir que no podía ocupar demasiado espacio, como si siempre tuviera que *"reducirse"* para no incomodar a los demás. Además, al profundizar, identificó un duelo por la pérdida de un ser querido que nunca había podido procesar completamente. Este dolor había dejado una sensación de cierre en su cuerpo, afectando no solo su manera de respirar, sino también su capacidad de avanzar con confianza.

Al practicar varias veces al día el ejercicio de las 20 respiraciones conectadas (que vimos en el capítulo 1), enfocándose en fortalecer su inhalación con suavidad y sin forzar, y al incorporar esta atención consciente en actividades cotidianas como caminar o levantarse por la mañana, logró reconectar con su vitalidad y recuperar una sensación de empoderamiento.

Corregir el inicio de la inhalación, haciéndola más entusiasta y plena, es clave para superar este patrón. Puedes practicar en momentos de quietud, como durante un ejercicio de respiración, o en actividades cotidianas como al abrir una ventana o iniciar un nuevo proyecto. Cada inhalación puede ser un recordatorio de tu capacidad para recibir la vida con más fuerza y confianza.

Fortalecer la inhalación no es solo una cuestión física; es un acto simbólico de permitirte avanzar, superar bloqueos y recuperar tu impulso natural hacia la vitalidad.

Inhalación forzada

Por otro lado, la inhalación forzada refleja un esfuerzo excesivo, como si la vida fuese una lucha constante. Este patrón suele tener un trasfondo de tensión, donde se intenta controlar todo a través del esfuerzo. En lugar de fluir con el impulso natural de la respiración, se fuerza el aire hacia los pulmones, lo que a menudo genera más rigidez y tensiones en el cuerpo.

Este patrón puede estar relacionado con experiencias de vida donde la persona sintió que debía "esforzarse" constantemente para ser aceptada o para sobrevivir emocionalmente. Por ejemplo, crecer en un entorno donde se valoraba más el rendimiento que el bienestar emocional, o atravesar situaciones de alta exigencia como cuidar de otros a una edad temprana, puede generar la creencia de que todo en la vida requiere lucha y control.

Estas creencias pueden instalarse en el cuerpo como tensiones crónicas que afectan directamente la respiración. El esfuerzo excesivo al inhalar no solo puede manifestar esta lucha interna, sino que también perpetúa un estado de alerta constante, dificultando la relajación y la confianza en los procesos naturales de la vida.

Durante una sesión de respiración consciente, Miguel descubrió que cada vez que inhalaba lo hacía con un esfuerzo exagerado, como si estuviera subiendo una pendiente empinada. Al reflexionar, compartió que en su vida había aprendido que *"si no haces todo con esfuerzo, las cosas no salen bien"*. Este patrón estaba tan arraigado en su cuerpo que incluso en actividades simples, como caminar o sentarse, sentía una necesidad constante de tensión y control.

Trabajamos juntos con el ejercicio de las 20 respiraciones conectadas (que vimos en el capítulo 1), poniendo especial atención en permitir que la inhalación ocurriera con suavidad, sin forzar. Al principio le costó soltar el esfuerzo, pero con la práctica diaria y llevando esta consciencia a momentos cotidianos como al iniciar una conversación o al detenerse a observar su entorno, comenzó a notar cómo su cuerpo y mente se relajaban. Con el tiempo, me comentó: *"Es increíble, ahora siento que puedo dejar que la vida me respire a mí, en lugar de estar luchando todo el tiempo."*

Superar este patrón no solo transforma tu manera de respirar, sino que también te enseña a confiar más en los ritmos de la vida, recordándote que no todo tiene que ser un reto constante.

Retención de la exhalación

Cuando hay dificultad para soltar el aire, esto refleja una resistencia a dejar ir. Es como si el cuerpo se aferrara a algo que ya no necesita, temiendo lo que podría suceder al soltarlo. Este patrón suele estar relacionado con el miedo al cambio, la necesidad de control o una dificultad para confiar en lo desconocido, como si soltar implicara perder estabilidad o seguridad.

La retención de la exhalación suele tener raíces profundas en experiencias de vida donde dejar ir significó pérdida o dolor. Por ejemplo, alguien que vivió una separación traumática, ya sea emocional o física, podría haber aprendido a asociar el "soltar" con el vacío o la vulnerabilidad. Este miedo inconsciente se manifiesta en el cuerpo, instalándose como tensiones que dificultan el flujo natural de la respiración.

En una ocasión, una consultante me comentó que retenía la exhalación de forma constante, incluso sin darse cuenta. Al reflexionar sobre ello, compartió que había pasado por una ruptura difícil que le dejó una sensación de vacío. Me dijo: *"Es como si una parte de mí tuviera miedo de soltar, porque eso significa quedarme sin nada"*. Esa retención no solo estaba presente en su respiración, sino también en su vida diaria, en cómo evitaba cambios y decisiones que implicarán confiar.

En los ejercicios de respiración nos enfocamos especialmente en soltar la exhalación con suavidad, sin presión. Al principio, le resultaba difícil dejar que el aire saliera por completo, pero poco a poco, con la práctica diaria, comenzó a sentir una sensación de alivio y ligereza. También llevó esta consciencia a actividades simples, como exhalar profundamente al final de una tarea o al terminar el día, usándolo como un ritual para dejar ir tensiones acumuladas.

Si reconoces que retienes la exhalación, puedes verlo como una invitación a practicar el arte de soltar. Intenta integrar esta práctica en tu día a día: suspira conscientemente al terminar una actividad, deja caer tus hombros con una exhalación larga o cierra un ciclo con una respiración consciente.

Aprender a exhalar plenamente es más que un cambio en la respiración; es un recordatorio de que confiar en los ciclos naturales de la vida y dejar ir lo que ya no necesitas, puede abrir espacio para lo nuevo.

Exhalación empujada

La exhalación empujada es un intento inconsciente de desprenderse rápidamente de algo incómodo. Este patrón refleja una relación tensa con la idea de soltar, como si hubiera una urgencia por deshacerse de aquello que resulta emocionalmente difícil de sostener. A menudo está relacionado con emociones reprimidas, como la culpa, el rechazo hacia uno mismo o la ira. En lugar de permitir que el aire salga de manera natural, se empuja con fuerza, lo que puede intensificar la tensión tanto emocional como física.

Este patrón puede surgir de experiencias en las que soltar algo implicó una sensación de pérdida repentina o dolorosa. Por ejemplo, alguien que haya enfrentado momentos de juicio o crítica constante puede desarrollar una necesidad de "expulsar" rápidamente emociones difíciles, como si fueran peligrosas o inaceptables. Este esfuerzo no solo afecta la respiración, sino que perpetúa un estado de alerta y tensión en el cuerpo.

Marga compartió una vez que notaba cómo exhalaba con fuerza, casi de forma violenta, cada vez que recordaba una situación en la que sentía que había fallado. Me comentó: *"Es como si mi cuerpo intentara sacar esa sensación de culpa de cualquier manera, pero lo único que logro es sentirme más agotada"*. Este hábito estaba tan arraigado que, incluso en momentos de calma, su respiración seguía marcada por esa urgencia de soltar.

Para abordar este patrón, hay que poner la atención en los ejercicios de respiración en dejar que la exhalación ocurra de manera fluida y sin empujar. Y llevar esta consciencia a momentos cotidianos, como al cerrar un libro, apagar una luz o terminar una conversación. Poco a poco, esta práctica nos permite experimentar que soltar no tiene que ser una lucha, sino un proceso natural y liberador.

Permitir que la exhalación fluya sin empujar no solo reduce la tensión física, sino que también es un recordatorio de que las emociones incómodas no necesitan ser rechazadas de inmediato.

Aprender a exhalar de forma suave y sin presión
es un paso importante para reconciliarte contigo mismo
y con las emociones que has evitado.

Liberación de tensiones durante la respiración

La exhalación entrecortada no es una desviación, sino un proceso natural de liberación. Cuando acontece, es una señal de que el cuerpo está soltando tensiones acumuladas. A menudo, este fenómeno viene acompañado de temblores en las áreas donde la tensión se había alojado.

Si esto sucede durante los ejercicios de respiración, lo más importante es no resistirse. Permite que los cortes en la exhalación y los temblores se expresen libremente, dejando que el cuerpo haga su trabajo de liberar lo que ya no necesita. Este proceso puede sentirse extraño, pero es profundamente sanador.

El cuerpo y las emociones están profundamente interconectados, y estas liberaciones durante la respiración son un reflejo de ese vínculo. Cuando permites que la respiración fluya sin juicio, abres la puerta para liberar bloqueos y tensiones acumuladas.

2.3.d) Ejercicio: descubre tus desviaciones

Las desviaciones de la respiración son un reflejo de nuestras experiencias y emociones, pero pueden ser superadas. Observarlas con atención y curiosidad crea la base para liberarlas y permitir que nuestra respiración fluya con mayor libertad y naturalidad. En este camino, cada inhalación y exhalación consciente se convierte en una herramienta para reconectar contigo mismo y transformar tu relación con la vida.

Si aún no has identificado claramente tus desviaciones, este es el momento de hacerlo. Y si ya las has observado, podrás trabajar en ellas de manera más consciente y específica. Para esto, vamos a personalizar el ejercicio de las 20 respiraciones conectadas, adaptándolo a tus necesidades particulares. Este ejercicio, que ya exploraste en el capítulo 1, ahora se convertirá en una herramienta más precisa y transformadora.

Para identificar cuál o cuáles son tus desviaciones principales en la respiración, sigue este ejercicio simple pero revelador:

1. **Encuentra un lugar tranquilo:** *Siéntate cómodamente o recuéstate en un lugar donde puedas relajarte. Cierra los ojos si lo deseas, para enfocarte mejor en tus sensaciones internas.*

2. Observa tu inhalación: *Toma unas cuantas respiraciones naturales y presta atención a cómo inhalas. ¿Sientes que es débil o superficial?, ¿Tienes que esforzarte mucho para tomar aire?*

3. Observa tu exhalación: *Sin intentar cambiar nada, presta atención a cómo dejas salir el aire. ¿Notas que tiendes a retenerlo?, ¿O tal vez lo empujas con fuerza?*

4. Registra tus sensaciones: *Nota si hay tensiones en alguna parte del cuerpo (pecho, abdomen, cuello). ¿Cómo se sienten tus inhalaciones y exhalaciones?*

5. Reconoce tu patrón principal: *A partir de lo que observas, identifica cuál parece ser tu desviación predominante (inhalación débil o forzada, exhalación empujada o retenida). También es posible que notes más de una.*

Este ejercicio no tiene como objetivo juzgar tu respiración, sino comprenderla. Lo que descubras te ayudará a personalizar tu práctica para trabajar conscientemente en estas áreas.

Aplicando las 20 respiraciones conectadas para cada desviación

En el capítulo 1 exploraste el ejercicio de las 20 respiraciones conectadas como una herramienta de reconexión. Ahora vamos a personalizarlo para trabajar conscientemente en las desviaciones que identificaste en tu respiración. Este enfoque te ayudará a liberar tensiones específicas y a transformar tu relación con la respiración.

1. Inhalación débil o superficial:

• Durante el ejercicio, enfócate en fortalecer la inhalación de manera suave y sin forzar.

• Siente que recibes energía vital con cada inhalación, permitiendo que el aire llene tu cuerpo desde el abdomen hasta el pecho.

Liberar tensiones invisibles: mi experiencia con la tortícolis

A partir de la adolescencia, empecé a sufrir de tortícolis una o dos veces al año. Mi cuello se tensaba al punto de quedarse rígido, y el dolor podía durar días. En ese entonces, lo atribuía a "mala postura" o "dormir mal", sin imaginar que las verdaderas causas estaban mucho más allá de lo físico.

Fue al profundizar en mi práctica de respiración consciente, a los 24 años, que descubrí que esas tensiones eran en realidad una acumulación de estrés, emociones reprimidas y cargas que mi cuerpo almacenaba sin que yo me diera cuenta. Mi cuello era como un depósito silencioso de todo aquello que no sabía expresar ni procesar.

Aprendí a observar las tensiones y las sensaciones en mi cuerpo con atención, especialmente cuando sentía el primer signo de incomodidad. Al llevar mi atención al cuello y los hombros, noté cuánto estrés cargaba ahí, incluso en momentos en los que creía estar relajada.

En lugar de luchar contra el dolor o ignorarlo, comencé a observar esas tensiones con curiosidad y sin juicio. Descubrí que, al hacerlo, algo comenzaba a cambiar. Las sensaciones se volvían más fluidas, menos rígidas, como si mi cuerpo finalmente encontrará permiso para soltar.

Con el tiempo, este hábito transformó mi relación con mi cuerpo. Aprendí a reconocer las señales mucho antes de que las tensiones se convirtieran en tortícolis. Hoy, puedo decir que llevo más de 30 años sin sufrir este problema. Observar mi cuerpo, escuchar sus mensajes y darme permiso para liberar lo acumulado cambió por completo mi vida. Cada vez que conecto con mis sensaciones, reafirmo que la clave no está en controlar el cuerpo, sino en habitarlo con consciencia y respeto.

2. Inhalación forzada:

• Permite que la inhalación ocurra sin esfuerzo, como si fueras una esponja absorbiendo agua.

• Practica reducir el esfuerzo gradualmente, recordando que no necesitas controlar todo.

3. Retención de la exhalación:

• Enfócate en soltar el aire suavemente durante las exhalaciones, dejando que fluya sin retenerlo.

• Siente que cada exhalación libera tensiones acumuladas que ya no necesitas.

4. Exhalación empujada:

• Deja que la exhalación ocurra de manera natural y sin presión, como una hoja cayendo suavemente al suelo.

• Concéntrate en la sensación de calma que surge al soltar el aire con fluidez.

Diferencia entre hiperventilación y respiración consciente

La hiperventilación ocurre cuando respiramos más rápido o más profundo de lo necesario, reduciendo los niveles de dióxido de carbono en la sangre. Es un mecanismo que suele activarse en momentos de estrés o pánico, pero que no tiene nada que ver con los ejercicios de respiración consciente que proponemos en este libro.

La respiración consciente, por el contrario, equilibra el ritmo respiratorio, promueve una oxigenación adecuada y conecta con el cuerpo de manera calmada y segura. Incluso cuando trabajamos con técnicas más intensas, lo hacemos con suavidad, respetando los límites del cuerpo y sin forzar.

Nieves, una mujer que enfrentaba ataques de pánico recurrentes, describió cómo, durante esos episodios, su respiración se volvía rápida, brusca y agotadora. Sus inhalaciones eran forzadas y demasiado profundas, casi catárticas, mientras que las exhalaciones eran empujadas con fuerza. Este patrón la hacía sentir atrapada en un círculo vicioso de miedo y agitación.

Al aprender a observar su respiración sin tratar de cambiarla de inmediato, comenzó a notar estas desviaciones. Poco a poco, permitió que su respiración se volviera más suave, pausada y amorosa. Al hacerlo, su cuerpo empezó a relajarse de manera natural, ayudándola a salir de la espiral de ansiedad y reconectarse con una sensación de calma y seguridad.

Este cambio transformó su relación con el miedo: *"Antes sentía que mi cuerpo estaba fuera de control. Ahora sé que puedo usar mi respiración para regresar al equilibrio"*.

Si te identificas con esta experiencia, más adelante, en el capítulo 3, encontrarás un ejercicio específico para trabajar con la ansiedad y llevar tu respiración a un estado de mayor calma y equilibrio. Te invito a explorarlo cuando llegues a la sección 3.1.c).

Tu cuerpo tiene la capacidad de adaptarse y liberarse,
regresando a un estado más pleno y natural.
Confía en él; sabe cómo guiarte hacia la libertad que buscas.

Lo más importante:

- Las desviaciones en la respiración reflejan tu historia personal: son adaptaciones que tu cuerpo ha desarrollado en respuesta a experiencias emocionales, como duelos, tensiones o miedos al cambio.
- Cada tipo de desviación tiene un significado emocional.
- La práctica consciente transforma los patrones respiratorios y ayuda a recuperar una respiración más libre y natural.

2.4) La conexión cuerpo-respiración-emoción

Trabajar conscientemente con tus desviaciones respiratorias no solo transforma tu manera de respirar, sino también la relación que tienes contigo mismo. Cada respiración consciente te invita a profundizar en el vínculo entre tu cuerpo, tus emociones e historia personal. En las siguientes secciones exploraremos esta conexión en mayor detalle.

Cada respiración, sensación y emoción forman parte de un sistema interconectado que, cuando aprendes a observarlo con curiosidad y amabilidad, se convierte en un mapa que guía tu bienestar.

Cuando algo no fluye en tus emociones, tampoco lo hace en tu cuerpo ni en tu respiración. Por ejemplo, la tensión en el pecho puede reflejar ansiedad o miedo, mientras que una exhalación retenida puede indicar que te resistes a soltar algo, ya sea una emoción, un pensamiento o una experiencia difícil. Por el contrario, cuando tu respiración es suave y amplia, tu cuerpo recupera libertad y tu mente encuentra calma.

La respiración consciente actúa aquí como un puente:

- Te ayuda a identificar bloqueos físicos o emocionales.
- Te ofrece una herramienta práctica para liberar lo que tu cuerpo guarda.
- Promueve un estado de calma y equilibrio, facilitando que todo lo demás fluya.

La conexión entre cuerpo, respiración y emoción también puede explorarse más a fondo mediante el mapeo corporal que vimos en la sección 2.1.a). Este ejercicio te ayuda a identificar las zonas habitadas y deshabitadas de tu cuerpo, ofreciéndote un punto de partida para liberar bloqueos y tensiones.

Piensa en esta conexión como un ciclo natural:

1. El cuerpo siente → Las tensiones y las emociones se manifiestan como sensaciones físicas.

2. La respiración responde → Al observar tu respiración, puedes notar si está contenida, rápida, superficial o fluida.

3. La consciencia transforma → Al llevar atención consciente a la respiración y al cuerpo, puedes liberar bloqueos, soltar emociones acumuladas y recuperar el equilibrio.

Nuestra respiración refleja tanto las emociones presentes como las que hemos acumulado a lo largo de la vida. Con el tiempo, las experiencias de miedo, tristeza o vulnerabilidad pueden crear tensiones físicas que afectan el flujo natural de la respiración. Observar estas tensiones nos permite reconocer qué emociones necesitan ser procesadas y liberadas.

Reconocer la conexión cuerpo-respiración-emoción
no solo transforma tu relación contigo mismo,
sino también la manera en que experimentas la vida.
Es un recordatorio de que cada respiración
es una oportunidad para sentir, liberar y volver al equilibrio.

2.4.a) Menos esfuerzo, más vida

En nuestra cultura, solemos asociar "más" con "mejor". Sin embargo, en la respiración, la calidad y la concentración son mucho más importantes que la cantidad de aire que inhalamos. Respirar más no significa respirar mejor. Al intentar llenar los pulmones con aire de manera exagerada, es común generar rigidez y alterar el equilibrio natural del cuerpo.

Cuando estás completamente presente en tu respiración, algo mágico sucede: dejas de gastar energía en pensamientos innecesarios o tensiones adicionales, y esa energía no solo permanece en tu cuerpo sino que se dirige hacia procesos internos esenciales como la regeneración, la sanación y el equilibrio emocional.

Cada inhalación y exhalación conscientes nutren a tu cuerpo desde adentro, promoviendo un estado de homeostasis, donde el cuerpo utiliza solo la energía que necesita, sin desperdiciarla.

Por el contrario, una respiración dispersa o agitada puede movilizar energía que rápidamente se pierde en patrones mentales negativos o tensiones corporales, dejándote más cansado o desconectado.

La calidad de la respiración es lo que realmente importa. Aunque mover grandes volúmenes de aire puede ser útil en ciertos contextos, como el ejercicio físico, en la respiración consciente es más importante que las inhalaciones y exhalaciones sean suaves, pausadas y fluidas.

Además de optimizar la energía, suavizar la respiración consciente ofrece **otros beneficios importantes:**

- Favoreces el equilibrio energético: Cada respiración pausada y consciente ayuda a acumular y dirigir la energía en lugar de dispersarla.
- Reduces el riesgo de hiperventilación: Al enfocarte en las sensaciones y en mantener un ritmo calmado, evitas respirar rápido o en exceso, lo que puede desequilibrar los niveles de gases en la sangre y generar síntomas como ansiedad o mareo.
- Entrenas la atención plena: Mantener la atención en el presente, sintiendo cada respiración, también entrena tu capacidad de concentración, beneficiando otros aspectos de tu vida diaria como la productividad y el manejo emocional.

Laura, una mujer que estaba atravesando un duelo, describió cómo sentía un vacío en el pecho, una sensación que la acompañaba desde hacía meses.

Al respirar sintiendo esa zona, sin intentar cambiar nada, simplemente aceptando lo que sentía, notó cómo su respiración comenzó a suavizar el vacío: *"La respiración me ayudó a sostener el dolor y a liberarlo poco a poco. Ya no siento que el vacío me consume, sino que ahora tengo espacio para seguir adelante"*.

Por otro lado, Andrés era alguien acostumbrado a esforzarse en todo. Incluso al practicar respiración consciente, inhalaba con demasiada intensidad, como si tratara de empujar su cuerpo al límite. Durante una sesión, se le sugirió relajar ese esfuerzo y concentrarse en respirar solo un poco más profundo de lo habitual. "*Sentí un fluir de energía en mi cuerpo, como olas de hormigueo agradable. Fue un alivio darme cuenta de que no siempre era necesario luchar para avanzar*", comentó después.

Este pequeño acto de estar presente con lo que sentía le permitió liberar tensiones profundamente arraigadas y conectar con emociones que había mantenido escondidas. Andrés comprendió que no se trataba de evitar el malestar, sino de acompañarlo hasta que se transformara.

Respirar sin forzar es como dejar que una cometa vuele con el viento: no necesitas tironear de la cuerda; solo guiarla con suavidad y confianza.

La clave está en la fluidez y la presencia

Cuando respiramos con consciencia, el oxígeno llega de manera eficiente a cada célula de nuestro cuerpo, mientras que el dióxido de carbono (CO_2) se regula para mantener un equilibrio saludable. Esto tiene efectos directos en nuestra energía y bienestar:

- **Respirar sin forzar:** Las inhalaciones intensas y forzadas pueden generar más tensión que beneficio. En cambio, una respiración fluida y relajada permite que el cuerpo funcione en armonía.
- **La exhalación como liberación:** Dar atención a la exhalación —sin empujar, solo soltando— permite liberar tensiones acumuladas, tanto físicas como emocionales.
- **Menos es más:** Una respiración pausada, conectada y solo un poco más profunda de lo que es cómodo, es mucho más poderosa que una profunda pero forzada.

Así como un lago en calma refleja el cielo con claridad,
una respiración consciente te permite encontrar paz interior
y equilibrio en medio de los desafíos de la vida.

2.4.b) Aceptar para liberar

La calidad de tu respiración no solo impacta tu cuerpo, sino también tu relación con tus emociones. Aceptarlas sin resistencia es clave.

Uno de los mayores obstáculos para que nuestra respiración fluya de manera natural es la resistencia que solemos poner a lo que sentimos. Cuando nos negamos a aceptar una emoción —ya sea miedo, tristeza, enojo o frustración— nuestro cuerpo se tensa, la respiración se bloquea y nos desconectamos de nuestro interior.

Aceptar lo que sientes no significa resignarte ni quedarte atrapado en una emoción. Por el contrario, es un acto consciente de observar y sostener lo que está presente en ti. Es decirte a ti mismo: *"Esto es lo que siento ahora, y está bien. No necesito rechazarlo ni juzgarlo"*.

Al hacer esto, algo sorprendente ocurre:

- La resistencia se disuelve: Al no luchar contra la emoción, el cuerpo se relaja y la respiración comienza a fluir de nuevo.
- El cuerpo libera lo retenido: Las tensiones físicas que acompañan a la emoción empiezan a aflojarse.
- El flujo emocional regresa: La emoción, en lugar de quedarse estancada, se mueve, se procesa y finalmente se transforma.

Piensa en las emociones como piedras que obstruyen el flujo de un río. Al observarlas con amabilidad, la respiración las rodea, las erosiona y permite que el río vuelva a fluir.

Durante años, Eduardo sintió un "nudo en el estómago". Durante una práctica de respiración consciente, se permitió sentir esa zona y respirar con consciencia, sin intentar cambiar nada. Al final, expresó: *"Siento como si mi cuerpo empezara a soltar algo que llevaba tanto tiempo apretando que ya ni lo notaba"*.

La próxima vez que te encuentres con una emoción incómoda o intensa, date permiso de acompañarla con tu respiración. Siéntate en un lugar tranquilo y simplemente observa lo que sucede en tu cuerpo.

La aceptación es un acto poderoso que te devuelve a ti mismo.
Cuando aceptas lo que sientes, tu respiración se vuelve tu aliada,
ayudándote a sostener y liberar con amabilidad
lo que está presente en tu interior.

Lo más importante:

- La calidad y la consciencia en la respiración son más importantes que la cantidad de aire que inhalas.
- Al aceptar lo que sientes, disuelves la resistencia y permites que tu respiración y tus emociones fluyan con naturalidad.
- La respiración es tu guía para sostener lo que sientes sin juicio, liberando tensiones y creando espacio para la calma.

Preguntas para reflexionar:

- Si tu cuerpo pudiera hablar, ¿qué crees que diría sobre las emociones que ha sostenido a lo largo del tiempo?
- Al observar tu respiración hoy, ¿en qué parte del cuerpo sientes que ocurre con mayor facilidad?, ¿Qué zona parece más bloqueada o rígida?
- ¿Qué emociones podrías estar sosteniendo en esas áreas?
- ¿Cómo crees que cambiaría tu vida si pudieras respirar con más libertad y conexión?

2.5) Integrando lo aprendido

A lo largo de este capítulo, has explorado cómo tu respiración te conecta con tu cuerpo y tus emociones. Has aprendido a escuchar las señales de tu cuerpo, mapear las sensaciones y observar cómo las emociones se manifiestan en tu respiración.

Este camino de reconexión es gradual, y cada pequeño paso cuenta. Lo importante no es resolverlo todo de inmediato, sino cultivar una relación más consciente y amable contigo mismo.

Llevar esto a tu día a día

- Puedes hacer pausas breves para observar tu respiración en cualquier momento.
- Si sientes una tensión o bloqueo en tu cuerpo, lleva tu atención allí y respira hacia esa zona.
- Recuerda que no se trata de cambiar lo que sientes, sino de escucharlo y acompañarlo con amabilidad.

Laura, a quien conocimos antes, lo expresó con estas palabras: *"Descubrí que, al respirar hacia ese vacío profundo que sentía en el pecho, algo comenzaba a moverse. No fue inmediato, pero con el tiempo sentí que mi cuerpo estaba soltando lo que yo no podía expresar con palabras".*

Este es el poder de observar
y acompañar lo que sientes con tu respiración:
no solo libera el cuerpo, sino también el corazón.

Lo más importante:

- La respiración es un puente para conectar con tu cuerpo y tus emociones.
- No se trata de cambiar o controlar lo que sientes, sino de escucharlo y acompañarlo con tu respiración.
- Al hacerlo, tu cuerpo encuentra una mayor libertad y tus emociones un espacio para transformarse.

Preguntas para reflexionar:

- ¿Qué cambios has notado al observar tu respiración y las sensaciones de tu cuerpo?
- ¿Cómo te sientes cuando respiras hacia una zona que percibes bloqueada o tensa?

CAPÍTULO 3

PERSONALIZA TU PRÁCTICA

En este último capítulo de nuestra aventura, te invito a dar un paso emocionante: convertir la respiración en una práctica personalizada y en un recurso cotidiano para tu bienestar.

Hasta ahora, hemos explorado cómo observar y comprender tu respiración puede abrir la puerta a una conexión más profunda contigo mismo. Ahora es momento de llevar ese conocimiento a la acción, adaptándolo a tus necesidades únicas y a los retos específicos de tu vida diaria.

En estas páginas, encontrarás ejercicios que te acompañarán en diferentes momentos y desafíos: desde aliviar tensiones físicas como el bruxismo o la congestión nasal, hasta calmar la ansiedad, liberar emociones acumuladas y revitalizar tu energía. Cada propuesta es como una herramienta que puedes explorar y adaptar a lo que necesites en cada etapa de tu camino. Escoge aquellas que resuenen contigo y úsalas para transformar tus sensaciones, tu ritmo y tu experiencia diaria.

Personalizar tu práctica significa convertir tu respiración en una brújula que guíe tu equilibrio físico y emocional. Escucha a tu cuerpo, atiende tus emociones y explora lo que funciona para ti en cada momento. En este capítulo, no solo aprenderás a identificar las técnicas más adecuadas, sino también a integrarlas en tu vida de forma natural, haciendo de la respiración un aliado constante en tu día a día.

3.1) Respiración como herramienta para el bienestar físico y emocional

Profundicemos en cómo la respiración puede ayudarnos a liberar tensiones, gestionar emociones y recuperar el equilibrio en momentos específicos. Esta sección se centra en prácticas concretas que puedes incorporar según tus necesidades: desde aliviar molestias físicas hasta calmar estados emocionales desafiantes.

3.1.a) Ejercicio de respiración para el bruxismo

El bruxismo, además de ser una manifestación física de tensión en la mandíbula, refleja emociones reprimidas, como la rabia acumulada, especialmente durante la infancia. Este ejercicio está diseñado para ayudarte a tomar consciencia de esas emociones, ofreciéndote una herramienta para liberarlas y transformarlas en fuerza interior.

Instrucciones para el ejercicio

*1. **Busca un espacio cómodo:** Dedica unos minutos antes de dormir para practicar este ejercicio en un lugar tranquilo, ya sea sentado o acostado, donde puedas relajarte completamente.*

*2. **Adopta una postura relajada:** Siéntate con la espalda recta o recuéstate, permitiendo que tu mandíbula esté lo más suelta posible. Relaja los hombros y cierra los ojos para conectar mejor contigo mismo.*

*3. **Coloca la lengua en posición:** Elige una de las siguientes opciones para relajar la mandíbula:*

- *Detrás de tu labio superior.*
- *Detrás de tu labio inferior.*
- *Entre tus dientes, sin ejercer presión.*

4. ***Respira conectando:*** *Realiza 20 respiraciones conectadas por la nariz, como aprendiste en el capítulo 1 (apartado 1.4.b). Mantén un ritmo suave y natural, dejando que la exhalación sea ligera. Mientras respiras, dirige tu atención a las sensaciones en tu mandíbula, boca y cuello. Observa si aparecen tensiones, calor o cualquier otra sensación.*

5. ***Explora tus emociones:*** *Mientras sigues respirando, observa si surgen emociones como enojo, frustración o impaciencia. En lugar de intentar suprimirlas, permite que estén ahí, fluyendo con tu respiración. Este ejercicio es un espacio seguro para reconocer y liberar esas emociones.*

Reflexión tras el ejercicio

Este ejercicio no solo alivia las tensiones físicas en la mandíbula, sino que también te invita a reconectar con las emociones que se alojan en esa parte de tu cuerpo. Es una herramienta sencilla, pero poderosa, para transformar la rabia en claridad y fuerza interior.

Preguntas para reflexionar:

- *¿Qué emociones o sensaciones notaste durante el ejercicio?*
- *¿Qué crees que tu cuerpo está tratando de decirte a través de ellas?*

Este ejercicio ha sido una herramienta transformadora para muchas personas, como Astrid, una joven de 27 años, quien llegó a uno de mis seminarios buscando alivio para un caso severo de bruxismo. Durante años había usado guardas dentales para dormir, sin ser completamente consciente del impacto que esta condición tenía en su bienestar. Fue solo después de una noche particularmente tensa que su cuerpo le dio una señal imposible de ignorar: la presión en su mandíbula fue tan intensa que fracturó varias muelas mientras dormía. Despertó con una contractura dolorosa en el cuello, una migraña paralizante y un agotamiento que ya no podía ignorar.

Durante el seminario, Astrid empezó a practicar el ejercicio de respiración para el bruxismo y a observarse con atención. Fue entonces cuando comenzó a notar algo que no había identificado antes: su mandíbula no solo reflejaba tensión física, sino también una profunda emoción contenida. *"Era rabia, una rabia que nunca había reconocido porque estaba demasiado ocupada normalizando todo lo que me ocurría"*, me comentó. La autoobservación y la respiración le permitieron conectar con esta emoción y entender que estaba relacionada con límites que no había sabido establecer en el pasado.

Después de realizar el ejercicio durante varios días, notó un alivio inmediato en su mandíbula, algo que describió como "un descanso que no había experimentado en años". Con cada práctica, Astrid comenzó a liberar la tensión acumulada y a transformar esa rabia en una fuerza interior, lo cual le permitió establecer límites más claros y manejar mejor sus emociones.

A medida que integraba este ejercicio en su rutina nocturna y asistía a las sesiones de respiración, Astrid empezó a notar una transformación profunda. El bruxismo desapareció casi por completo y, con él, las guardas dentales que había usado durante tanto tiempo. *"Dormir sin rechinar los dientes, sin dolor, y manejar mis emociones con más consciencia, es una calidad de vida que nunca pensé alcanzar"*, compartió con gratitud al final del proceso.

3.1.b) Ejercicio para desbloquear la nariz

La nariz bloqueada es una molestia común que no solo refleja obstrucciones físicas, sino también emociones retenidas o estrés acumulado. Este ejercicio está diseñado para ayudarte a desbloquear la nariz de forma consciente, sin forzar la respiración, permitiendo que tu cuerpo y tu mente trabajen juntos hacia un equilibrio natural. Esto te servirá tanto si tienes la nariz bloqueada temporalmente por un resfrío o gripe, por desvío del tabique, vegetaciones o por un problema respiratorio, como el asma por ejemplo.

Haremos el ejercicio de las 20 respiraciones conectadas que expliqué anteriormente, pero con algunas variaciones que describiré a continuación.

Lo más importante es nunca forzar la respiración. La mayoría de las personas, cuando tienen dificultad para respirar, desarrollan la tendencia de forzar la respiración, como luchando contra el bloqueo, y esto es contraproducente. Es importante aprender a sentir conscientemente el bloqueo, incluso si la profundidad de la inhalación es muy poca. Es sintiendo el bloqueo que podremos poco a poco superarlo.

Al respirar sin forzar, muy probablemente vas a sentir agobio o sensaciones de que te falta el aire, y si aprendes a observarlas con calma, aunque sea por unos segundos, aprenderás a lidiar mejor con tus emociones, lo cual poco a poco favorecerá la sanación física también. Lo más importante es observar en detalle lo que sientes, incluso si es muy desagradable pero con la más calma y desapego posible. No huyas de las sensaciones desagradables o de asfixia. Pero, obviamente, lo conveniente es alternar la respiración suave por la nariz con la respiración por la boca cuando la sensación se vuelve agobiante o hay ardor, por ejemplo. En mi experiencia como profesional de la respiración desde hace casi 30 años, he visto que muchas personas con desviación del tabique nasal sienten ardor en algún momento, y que suele ser la señal precursora de un cambio para mejor. El hecho de observar y aceptar el bloqueo con calma, sea cual sea, termina dando resultados a veces asombrosos. Como profesional, he visto muchas personas con problemas intensos de respiración mejorar en tiempo record.

En cuanto las sensaciones se hayan aliviado, vuelve a respirar por la nariz.

Te recomiendo que hagas 20 respiraciones conectadas con frecuencia hasta que veas mejora. En los momentos que tu nariz esté completamente bloqueada, haz 20 respiraciones conectadas por la boca. Pero quédate atento porque en cuanto se desbloquee un poco, aunque sea un mínimo, te conviene hacer de nuevo algunas respiraciones por la nariz, incluso si son muy superficiales.

Instrucciones

1. ***Encuentra un momento de calma:*** *Siéntate en un lugar cómodo y tranquilo. Asegúrate de mantener la espalda recta para facilitar la respiración, pero sin tensar el cuerpo.*

2. ***Observa tu estado actual:*** *Antes de empezar, nota si tu nariz está completamente bloqueada o parcialmente obstruida. Sé consciente de cualquier incomodidad en tu respiración y acéptala sin resistencias.*

3. ***Inicia la respiración conectada:*** *Realiza 20 respiraciones conectadas alternando nariz y boca, de la forma explicada anteriormente. Si tu nariz está completamente bloqueada, comienza respirando por la boca. Recuerda no forzar el aire; deja que la inhalación y la exhalación fluyan con naturalidad.*

4. ***Explora las sensaciones:*** *Mientras respiras, lleva tu atención a las áreas relacionadas con la obstrucción: la nariz, los senos paranasales y la garganta. Observa cualquier cambio, como una sensación de apertura, calor o alivio progresivo.*

5. ***Observa tus emociones con calma:*** *Si durante el ejercicio surgen emociones intensas o sensaciones como la falta de aire, obsérvalas sin juicio, como parte natural del proceso. Permítete estar presente con esas emociones, pero recuerda que puedes tomarte un descanso si lo necesitas. Respira por la boca durante unos momentos hasta que la intensidad disminuya, y luego retoma el ejercicio con suavidad.*

6. ***Adapta según lo necesites:*** *Si sientes ardor o incomodidad intensa, alterna entre la nariz y la boca. Tan pronto como percibas que la nariz comienza a desbloquearse, vuelve a respirar exclusivamente por ella, aunque sea de forma superficial.*

Reflexión tras el ejercicio

Este ejercicio no solo ayuda a liberar bloqueos físicos, sino también a gestionar las emociones relacionadas con la nariz tapada. Es un recordatorio de que, al observar y aceptar lo que ocurre en tu cuerpo, permites que la transformación suceda de manera natural.

Preguntas para reflexionar:

- *¿Qué cambios notaste en tu respiración o en tu cuerpo después de practicar este ejercicio?*

Nota importante

La paciencia es esencial en este proceso. Algunas personas pueden experimentar ardor o una sensación de resistencia al principio, pero estas son señales de que el cuerpo está trabajando hacia un cambio. Persistir con suavidad en la práctica es clave para obtener resultados duraderos.

Mónica, una mujer de 34 años, acudió a un retiro de respiración buscando alivio para su nariz crónicamente bloqueada, debido a un desvío del tabique nasal. Durante las primeras sesiones, describió una sensación de ardor intenso al intentar respirar por la nariz, lo que inicialmente le causó frustración.

Sin embargo, con el apoyo del ejercicio de respiración conectada y la práctica diaria, comenzó a notar pequeños cambios. *"Al principio, no podía soportar más de unas pocas respiraciones por la nariz, pero poco a poco, al observar con calma las sensaciones, noté que el bloqueo empezaba a ceder"*, compartió.

Después de unas semanas, Mónica logró respirar completamente por la nariz durante varias sesiones. Además, no solo experimentó una mejora en su respiración, sino que también comenzó a sentir más claridad mental y menos tensión emocional. *"Fue como si, al desbloquear mi nariz, también hubiera desbloqueado una parte de mí misma que estaba estancada"*, concluyó.

Este ejercicio no solo le permitió respirar mejor, sino también reconectar con su cuerpo y aprender a lidiar con las incomodidades de manera más consciente y calmada.

3.1.c) Respiración para calmar la ansiedad

La ansiedad es una respuesta natural del cuerpo ante situaciones percibidas como amenazantes. Sin embargo, cuando se vuelve persistente o desproporcionada, puede generar una sensación de descontrol que afecta tanto la mente como el cuerpo. La respiración consciente es una herramienta poderosa para regresar al presente, regular el sistema nervioso y recuperar la calma interior.

El siguiente ejercicio está diseñado para ayudarte a calmar la ansiedad de manera suave y efectiva. Lo más importante es que lo practiques sin forzar, permitiéndote sentir con curiosidad lo que ocurre en tu cuerpo y mente.

Ejercicio: Respiración para calmar la ansiedad

1. Respira por la nariz, no por la boca

Si puedes, mantén la respiración exclusivamente nasal. Respira suavemente, sin prisa ni esfuerzo, dejando que el aire fluya de manera natural. Esto ayudará a regular tu ritmo cardíaco y activar el sistema nervioso parasimpático, encargado de la relajación.

2. Concéntrate en tu respiración

- *Lleva toda tu atención a cada inhalación y exhalación. Observa el movimiento del aire entrando y saliendo de tu cuerpo.*
- *Suaviza el ritmo de tu respiración, permitiendo que sea más pausada y menos brusca, aunque sea menos profunda.*
- *Verifica que la exhalación sea suelta y relajada. Deja que el aire salga por sí mismo, sin empujarlo, como si estuvieras soltando un suspiro.*

Al permitir que la respiración fluya de manera más lenta y relajada, estarás ayudando a anclarte en el presente, alejándote de pensamientos ansiosos y reconectándote con una sensación de calma interior.

3. Identifica y nombra tus emociones

Pregúntate: "¿Qué estoy sintiendo ahora?". Si es miedo, preocupación o cualquier otra emoción, ponle un nombre con calma. Decir mentalmente o incluso escribir: *"tengo miedo"* o *"estoy preocupado"*, te ayudará a darle forma a lo que sientes y a reducir su intensidad.

4. Observa las sensaciones físicas

Lleva tu atención al cuerpo y describe lo que sientes. Por ejemplo: "Siento que mi corazón late rápido", "Siento tensión en los hombros" o "Hay un cosquilleo en mi estómago". Poner palabras a las sensaciones físicas te permitirá relacionarte con ellas de manera más objetiva y tranquila.

5. Regresa a la respiración

Sigue respirando suavemente por la nariz. Una vez más, enfoca tu atención en cada inhalación y exhalación. Si tu mente se dispersa, simplemente vuelve a la respiración con paciencia y sin juzgarte.

6. Repite afirmaciones calmantes

Mientras respiras, repite mentalmente frases como:

- *"Estoy a salvo".*
- *"Tengo el poder interior para calmarme".*

Estas palabras actúan como un recordatorio de que puedes manejar lo que estás sintiendo. Si lo deseas, puedes personalizar las afirmaciones para que resuenen contigo.

¿Listo/a para poner este ejercicio en práctica? Escanea el código QR y accede a un video con mi guía detallada.

Consejos adicionales para integrar este ejercicio

- **Duración:** Practica este ejercicio durante al menos 3-5 minutos, o hasta que sientas que tu cuerpo y mente comienzan a relajarse.
- **Frecuencia:** Úsalo cada vez que notes los primeros signos de ansiedad. También puedes practicarlo diariamente como una herramienta preventiva.
- **Actitud:** Lo importante es no luchar contra la ansiedad, sino observarla con curiosidad y aceptación. Recuerda que es una emoción pasajera, y tú tienes la capacidad de acompañarla hasta que se disuelva.

La importancia de practicar con calma

Cuando la ansiedad aparece, es común querer eliminarla rápidamente. Sin embargo, el verdadero cambio ocurre cuando te permites sentir y explorar con suavidad lo que está presente. Este ejercicio no busca forzar una solución inmediata, sino crear un espacio seguro para que tu cuerpo y mente se relajen de forma natural.

Con el tiempo, practicar este ejercicio no solo reducirá la intensidad de los episodios de ansiedad, sino que también fortalecerá tu confianza en tu capacidad para manejarlos. Recuerda que cada inhalación y exhalación consciente te acerca un poco más a la calma.

Si deseas profundizar en este trabajo, considera revisar el apartado sobre sesiones de respiración individuales en el anexo o asistir a uno de mis seminarios, donde podrás explorar esta práctica con la guía de un facilitador.

Confía en tu respiración:
es tu ancla, tu refugio
y tu herramienta más poderosa
para calmar la ansiedad.

María, de 35 años, llegó a uno de mis seminarios buscando aliviar su ansiedad, que se manifestaba en ataques frecuentes al final del día. Durante una práctica, logró identificar por primera vez lo que realmente sentía: miedo a no cumplir con las expectativas. Al conectar con las sensaciones físicas –un nudo en el estómago y una presión en el pecho– y repetir la frase *"Estoy a salvo"*, notó que su cuerpo comenzaba a relajarse.

Días después, compartió que había integrado el ejercicio en su rutina nocturna. *"Ahora sé que no tengo que detener la tormenta de pensamientos, solo necesito respirar a través de ella. Me siento más tranquila y en control"*.

Esta experiencia nos recuerda que, con paciencia y práctica, la respiración puede ser una poderosa aliada frente a la ansiedad.

3.1.d) Gestión del dolor: respirar para aliviar y transformar

El dolor, ya sea físico o emocional, puede ser una experiencia desafiante que afecta nuestra respiración y nos desconecta de nuestro cuerpo. Sin embargo, la respiración consciente puede convertirse en una herramienta poderosa para gestionar el dolor, ayudándote a encontrar alivio y calma. En lugar de luchar contra el malestar, este ejercicio te invita a observarlo y acompañarlo, creando espacio para que la tensión se disuelva poco a poco.

Ejercicio: respiración conectada para aliviar el dolor

1. Toma primero unos instantes para observar cómo respira tu cuerpo en este momento, sin intentar cambiar nada.

Nota si tu inhalación es superficial, si tu exhalación se siente retenida o si hay algún bloqueo. Presta especial atención a la profundidad de tu respiración, ya que cuando hay dolor, esta suele ser mucho menos profunda o incluso muy superficial. Es importante primero observar cómo estás respirando para reconocer qué necesitas en este momento y, desde ahí, decidir cómo acompañar tu respiración de forma suave y consciente.

2. Haz un pequeño esfuerzo consciente
Sin forzar, comienza a realizar 20 respiraciones conectadas, inhalando un poco más profundo de lo que tu cuerpo lo hacía en piloto automático. Aunque la inhalación sea muy superficial, lo importante es mantener un pequeño esfuerzo consciente. No se trata de forzar el aire, sino de abrir espacio en tu respiración con suavidad.

3. Recuerda aplicar **los 5 principios de la respiración energética**: mantener la respiración conectada, fluida, relajada, consciente y sin esfuerzo.
Estos principios te ayudarán a que cada inhalación y exhalación sean más efectivas y a potenciar el efecto transformador de este ejercicio.

4. Conéctate con las sensaciones
A medida que respiras, dirige tu atención a las sensaciones que surgen en tu cuerpo. Puede que el dolor o la incomodidad se intensifiquen brevemente, o tal vez notes una relajación inmediata. Ambas respuestas son normales. Observa con curiosidad y sin juicio lo que tu cuerpo te comunica.

5. Relaja la exhalación
Mantén la exhalación lo más relajada posible, permitiendo que tu cuerpo libere cualquier tensión acumulada. Si sientes que tu cuerpo quiere suspirar o liberar aire de forma más profunda, permítelo.

6. Practica con amabilidad
Repite este ejercicio con frecuencia, incluso si estás acostado en la cama. Recuerda que la clave está en no forzar, sino en acompañar al cuerpo con paciencia y consciencia. Después de las 20 respiraciones, descansa y observa los cambios en tus sensaciones.

Cuando la respiración me dio el valor para hablar

Recuerdo la primera conferencia importante que di. El auditorio estaba lleno, y mientras esperaba para subir al escenario, sentí cómo mi corazón se aceleraba y mi mente comenzaba a llenarse de dudas. A pesar de estar bien preparada, una voz interna me repetía: *"¿Y si olvidas lo que tienes que decir?, ¿Y si no conectas con el público?"*.

Mientras veía cómo los minutos pasaban y mi turno se acercaba, decidí recurrir a mi respiración. Cerré los ojos y llevé toda mi atención a cada inhalación y exhalación, recordando las técnicas que había practicado tantas veces. Primero, hice algunas respiraciones conectadas, sin pausas entre la inhalación y la exhalación. Luego, solté el aire de forma relajada, como si estuviera dejando caer el peso de mis miedos con cada exhalación.

En cuestión de minutos, noté cómo mi ritmo cardíaco disminuía y mi mente se aclaraba. La ansiedad, que antes parecía incontrolable, comenzó a transformarse en una sensación de calma alerta. Era como si cada respiración me estuviera devolviendo la confianza en mí misma.

Cuando finalmente subí al escenario, sentí que mi respiración me acompañaba. En lugar de enfocarme en el miedo, me conecté con mi mensaje y con las personas que tenía frente a mí. Hablar dejó de ser una prueba de nervios y se convirtió en una experiencia de conexión auténtica.

Esa conferencia fue un cambio decisivo en mi vida. No solo por lo que compartí con el público, sino por lo que aprendí sobre mí misma: que la respiración no solo me ayuda a calmarme, sino que también me da el coraje para enfrentar lo que más temo. Desde entonces, cada vez que enfrento un reto similar, sé que siempre puedo confiar en mi respiración para regresar al equilibrio y dar lo mejor de mí.

Algunas notas importantes

- Es común que al inicio las sensaciones desagradables parezcan intensificarse. Esto ocurre porque el cuerpo está procesando y liberando tensiones acumuladas. Confía en el proceso; muchas personas encuentran alivio incluso después de la primera práctica.
- Este ejercicio también fortalece tu capacidad para estar presente con el malestar, transformándolo en una experiencia más manejable.

Explicación científica

Cuando estamos con dolor, el sistema nervioso suele entrar en un estado de alerta que limita la profundidad de la respiración y genera tensión adicional en el cuerpo. La práctica de respiraciones conectadas, sin forzar, ayuda a activar el sistema nervioso parasimpático, el cual promueve la relajación, calma y recuperación. Además, al dirigir la atención a las sensaciones del cuerpo, fortaleces tu capacidad para regular el malestar a nivel físico y emocional.

Reflexión

El dolor es una señal del cuerpo que merece ser escuchada, no evitada. A través de la respiración consciente, puedes desarrollar una relación más amable con tus sensaciones, encontrando alivio y restaurando tu equilibrio interior.

Sofía, una profesora de 45 años, llegó a uno de mis talleres tras meses lidiando con un dolor crónico en la parte baja de la espalda. Había probado terapias físicas y medicamentos, pero el malestar seguía presente, afectando su energía y su ánimo. Durante una sesión de respiración consciente, Sofia practicó el ejercicio de respiración conectada para aliviar el dolor.

"Al principio, el dolor parecía intensificarse, como si mi cuerpo no quisiera soltarlo", me contó después. Sin embargo, continuó respirando con suavidad, observando las sensaciones sin forzar nada. A medida que avanzaba, notó que su cuerpo comenzaba a relajarse

y que el dolor se transformaba en una sensación más ligera, casi como un calor que se movía en su espalda.

Sofia siguió practicando este ejercicio en casa, especialmente por las noches. "*No solo sentí que el dolor físico disminuía,sino que empecé a verlo como un mensaje de mi cuerpo, una invitación a cuidarme más y a ser paciente conmigo misma*", me dijo semanas después.

Esta historia nos recuerda que el dolor no siempre desaparece de inmediato, pero la respiración consciente puede ayudarnos a cambiar nuestra relación con él, transformándolo en una oportunidad para el autoconocimiento y la sanación.

3.2) Respiración y energía vital: conecta y transforma

La respiración no solo es una herramienta para gestionar el estrés o las emociones, sino también una puerta para conectar con nuestra energía vital. Este flujo de energía, que recorre nuestro cuerpo constantemente, puede desbloquearse y potenciarse a través de prácticas específicas que combinan suavidad, atención y continuidad. Este ejercicio te ayudará a sentir y activar esa energía, promoviendo un estado de equilibrio y vitalidad.

3.2.a) Ejercicio para el fluir de la energía

El siguiente ejercicio, conocido como "respiración energética silenciosa", te permitirá reconectar con tu energía de manera profunda, suave y transformadora. Es ideal tanto para momentos en los que necesitas revitalizarte, como también para profundizar en tu práctica de respiración consciente.

Se trata del ejercicio de las 20 respiraciones conectadas, respirando por la nariz de forma tan suave que el aire no haga nada de ruido al inhalar y exhalar. El desafío es hacerlo de forma tan silenciosa que ni siquiera puedas escucharte a ti mismo, pero al mismo tiempo no ralentizar el ritmo ni retener la exhalación al practicarlo.

Instrucciones:

1. Encuentra un lugar tranquilo:

- *Siéntate en una posición cómoda, con la espalda recta pero relajada. Asegúrate de que no haya distracciones para que puedas concentrarte completamente.*

2. Comienza con 20 respiraciones conectadas:

- *Respira exclusivamente por la nariz.*
- *Hazlo de manera tan suave que el aire no haga ningún ruido al entrar y salir.*
- *No retengas la exhalación ni ralentices demasiado el ritmo; mantén un flujo continuo entre inhalación y exhalación.*

3. Enfoca tu atención en la energía:

- *A medida que respiras, concéntrate en las sensaciones internas.*

4. Finaliza con tres respiraciones profundas:

- *Realiza tres grandes inhalaciones con ruido normal, permitiendo que el cuerpo se relaje completamente en cada exhalación.*

Propósito del ejercicio:

Este ejercicio desarrolla tu consciencia de la energía interna y te enseña que la suavidad y la continuidad son claves para conectarte con ella. Además, es especialmente útil si tienes dificultades para respirar por la nariz o si sientes bloqueos en la cabeza o las sienes, ya que puede ayudar a desbloquear estas zonas.

Un consejo importante:

Si al inicio sientes poca energía o dificultad para conectar, no te preocupes. La práctica constante, junto con una actitud suave y concentrada, permitirá que la energía fluya de manera natural con el tiempo.

Lucía, una madre de 45 años, describía sentirse constantemente agotada, incluso después de descansar. *"Es como si mi energía se agotara antes de que empiece el día"*, confesó. Trabajaba, cuidaba de su familia y, al final del día, no quedaba nada para ella misma.

En uno de mis retiros de respiración, Lucía practicó la respiración energética silenciosa. Al principio, le resultaba difícil conectar con su cuerpo. Sin embargo, con cada práctica, comenzó a notar pequeñas oleadas de energía fluyendo por sus manos y pies. *"Era como si mi cuerpo me estuviera recordando que también tengo derecho a cuidar de mí"*, explicó. Incorporó esta práctica a su rutina matutina, dedicando 5 minutos antes de que su familia se despertara. En cuestión de semanas, Lucía comenzó a sentirse más ligera, más en control de su energía. *"No es solo que tenga más vitalidad, sino que siento que mi cuerpo está de mi lado"*.

Este ejercicio, aunque sencillo, puede abrir puertas a una conexión más profunda con tu vitalidad y bienestar. ¡Haz la prueba y observa lo que cambia en ti!

3.2.b) Ejercicio para soltar la energía negativa

Este ejercicio está diseñado para ayudarte a liberar tensiones acumuladas y soltar la energía negativa que muchas veces queda atrapada en el cuerpo. Es una práctica sencilla pero profunda, que requiere de atención y cuidado para realizarla correctamente y aprovechar sus beneficios al máximo.

Cómo realizar el ejercicio

1. Prepara tu postura: *Siéntate cómodamente o recuéstate en un lugar tranquilo. Asegúrate de que tu espalda esté recta pero relajada, permitiendo que el aire fluya con facilidad.*

2. Abre la boca: *Abre la boca lo más posible sin que llegue a ser muy incómodo. El objetivo es mantenerla en una posición ligeramente tensa, suficiente para sentir las sensaciones en la mandíbula y la base de la lengua, pero sin forzar.*

3. Relaja la lengua: *Deja que la lengua repose de la forma más relajada posible dentro de la boca. Es posible que al principio sientas algo de tensión en esta área; simplemente obsérvala sin juicio.*

4. Respira por la nariz: *A pesar de mantener la boca abierta, toda la respiración debe ocurrir por la nariz. Asegúrate de que no entre aire por la boca.*

5. Realiza 20 respiraciones conectadas: *Inhala y exhala de manera fluida, sin pausas entre la inhalación y la exhalación. Mantén un ritmo constante y suave, evitando forzar el aire.*

6. Observa tus sensaciones: Mientras practicas, presta atención a las sensaciones en tu mandíbula, lengua, garganta y el resto de tu cuerpo. Es posible que surjan emociones, tensiones o sensaciones intensas; aceptalas con calma.

7. Integra lo que se haya movido: Una vez hayas terminado, realiza el ejercicio básico de las 20 respiraciones conectadas (con la boca cerrada) o la respiración energética silenciosa para integrar cualquier cambio o liberación que haya surgido durante la práctica.

¿Por qué funciona este ejercicio?

Cuando respiramos por la nariz con la boca abierta, activamos una serie de mecanismos fisiológicos que ayudan a soltar tensiones físicas y emocionales profundamente arraigadas:

• Liberación de tensiones musculares: Mantener la boca abierta en esta posición activa los músculos de la mandíbula, la lengua y la garganta, áreas que suelen almacenar tensiones relacionadas con el estrés, el miedo y la represión emocional.

• Regulación del sistema nervioso: Al enfrentar y observar las sensaciones físicas y emocionales que surgen, estamos enseñando al cuerpo a lidiar con ellas de manera más calmada, reduciendo el predominio del sistema nervioso simpático (estado de alerta) y favoreciendo la activación del sistema parasimpático (estado de relajación).

• Aumento de la consciencia corporal: La combinación de una respiración nasal profunda y la apertura de la boca mejora la conexión mente-cuerpo, permitiéndonos observar con más claridad las tensiones acumuladas y liberar energía atrapada.

Dificultades comunes y cómo superarlas

Es posible que algunas personas encuentren difícil realizar este ejercicio al principio. Algunas razones pueden incluir:

• **Hábito de respirar por la boca:** Si estás acostumbrado a respirar por la boca, puede que al abrirla tiendas a usarla automáticamente. Practica con paciencia, prestando atención a cada inhalación y exhalación por la nariz.

• **Tensión en la lengua o garganta:** Muchas personas sienten rigidez en estas áreas al intentar relajar la lengua o mantener la boca abierta. Esto puede estar relacionado con una respuesta de miedo o estrés crónico. Si este es tu caso, simplemente observa las sensaciones con calma y dedica unos minutos diarios a intentar el ejercicio, incluso si al principio no puedes realizarlo completamente.

Beneficios adicionales

Este ejercicio no solo ayuda a liberar tensiones negativas, sino que también puede generar síntomas positivos de liberación, como:

- Sensación de mayor vitalidad y energía.
- Reducción de dolores o tensiones musculares.
- Mayor capacidad para lidiar con emociones intensas de forma calmada.
- Sensación de conexión con el cuerpo y claridad mental.

Recomendaciones finales

Recuerda que lo más importante es no forzar. Este ejercicio requiere un pequeño esfuerzo consciente, pero siempre dentro de los límites de tu comodidad. Si en algún momento te resulta demasiado intenso, detente, respira normalmente y retómalo más adelante.

Para profundizar en esta práctica o trabajar en tus bloqueos de manera más personalizada, puedes consultar el apartado de sesiones individuales en los anexos o asistir a uno de mis seminarios, donde te acompañaré en este proceso de autoconexión y transformación.

Álvaro, un joven artista que solía experimentar una constante rigidez en la garganta, descubrió este ejercicio en uno de mis talleres. Al principio, al abrir la boca y respirar por la nariz, le resultaba difícil relajar la base de la lengua. Sin embargo, con paciencia y práctica diaria, comenzó a notar cambios. No solo liberó esa tensión, sino que también sintió que su expresión, tanto verbal como creativa, se volvía más auténtica. *"Es como si hubiera desbloqueado una parte de mí que estaba atrapada"*, compartió con entusiasmo después de unas semanas de práctica.

3.3) Integrando la respiración en tu día a día

La respiración consciente no solo se practica en momentos específicos; su verdadero poder se revela cuando la integramos en nuestra rutina diaria. En esta sección, exploraremos cómo incorporar la respiración en situaciones cotidianas para cultivar calma, enfoque y bienestar, sin que sea necesario dedicar grandes bloques de tiempo.

3.3.a) La respiración en tu vida diaria: herramientas prácticas

La vida está llena de pequeños momentos donde puedes integrar la respiración consciente como una herramienta poderosa. No necesitas buscar un espacio aislado o un momento ideal; basta con aprovechar los instantes que ya forman parte de tu día.

Ideas prácticas para integrar la respiración consciente:

1. Al despertar:
Antes de levantarte de la cama, realiza algunas respiraciones conscientes conectadas, enfocándote en cómo tu cuerpo se activa gradualmente. Este pequeño hábito puede marcar un tono de calma y presencia para el resto del día.

2. Durante las pausas laborales:
Dedica 1 o 2 minutos a observar tu respiración mientras estás sentado en tu escritorio o durante una pausa en el trabajo. Respira suavemente, sin forzar, y nota cómo incluso un corto descanso ayuda a recuperar claridad mental.

3. En momentos de espera:
Ya sea en una fila, en un transporte público o esperando una llamada, utiliza ese tiempo para practicar la observación de tu respiración. Nota cómo el aire entra y sale por tu nariz, llevando tu atención al presente.

4. Antes de comer:
Antes de tu primera mordida, respira profundamente tres veces. Esto no solo calma tu mente, sino que también ayuda a mejorar tu digestión al activar el sistema nervioso parasimpático.

5. Transiciones del día:
Usa la respiración para marcar los cambios entre actividades. Por ejemplo, al salir del trabajo, respira profundamente unas cuantas veces para soltar el estrés antes de llegar a casa.

La respiración consciente no necesita ser complicada;
se trata de pequeños momentos de atención plena
distribuidos a lo largo del día.
La consistencia es más importante que la duración.

3.3.b) La respiración como tu aliada diaria

Enfrentarte a los desafíos y exigencias de la vida diaria es más fácil cuando utilizas la respiración consciente como tu aliada. Este hábito no solo te ayuda a mantener la calma, sino que también te permite responder de manera más equilibrada y consciente ante cualquier situación.

Cómo convertir tu respiración en una aliada:

1. Gestión de emociones intensas:
Cuando te sientas abrumado por la ira, la frustración o la tristeza, detente un momento y haz 10 respiraciones suaves por la nariz. Este simple acto puede ayudarte a ganar perspectiva antes de reaccionar.

2. Potenciando el enfoque:
Antes de comenzar una tarea importante o una reunión, dedica 30 segundos a observar tu respiración. Este pequeño hábito mejora la concentración y reduce la sensación de presión.

3. Relajación antes de dormir:
Si tu mente está inquieta al final del día, practica la respiración energética silenciosa durante unos minutos en la cama. Esto no solo promueve la relajación, sino que también mejora la calidad del sueño.

4. Aumentando la presencia:
Usa tu respiración para anclarte en el momento presente. Por ejemplo, durante una conversación, observa el ritmo de tu respiración para mantenerte más atento y conectado con tu interlocutor.

5. Estableciendo un ritual personal:
Crea un pequeño ritual de respiración diaria, como dedicar 5 minutos al mediodía para respirar conscientemente mientras escuchas música suave o contemplas el entorno. Este momento puede ser tu espacio para recargar energías.

Respiración consciente: mi compañera en la vida diaria

Hace tiempo descubrí que no necesito esperar a momentos o lugares especiales para conectar con mi respiración y mi mundo interior. De hecho, la respiración consciente se ha convertido en una herramienta constante en mi vida diaria, algo que uso en cualquier momento y circunstancia, transformando incluso las actividades más simples en experiencias significativas.

Por ejemplo, cuando estoy fregando los platos, en lugar de hacerlo de manera automática o apurada, me detengo a observar cómo estoy respirando. Siento el agua caliente en mis manos, el sonido del grifo, y noto si mi respiración es ligera o profunda. A veces, acompaño el movimiento de mis manos con inhalaciones y exhalaciones lentas. Es como si cada plato que limpio también limpiara algo dentro de mí. Una tarea rutinaria se convierte en un momento de calma y presencia.

Lo mismo ocurre en situaciones que antes consideraba aburridas, como esperar en la cola del banco. En lugar de desesperarme o mirar el reloj cada cinco segundos, aprovecho ese tiempo para observar mis sensaciones y emociones. ¿Cómo está mi cuerpo?, ¿hay alguna tensión en mis hombros o en mi mandíbula?, ¿qué emociones surgen al estar en esta situación? Mientras respiro conscientemente, noto cómo mi cuerpo se relaja y el tiempo parece fluir de otra manera. Ese espacio que antes parecía "perdido", ahora es un momento aprovechado para reconectar conmigo misma.

Incluso mientras escribo este libro, hago pausas frecuentes para respirar conscientemente. A veces, después de escribir un párrafo, cierro los ojos, respiro profundamente y noto cómo me siento. Esas pausas no solo me ayudan a relajarme, sino que también me inspiran. Me permiten volver al texto con una mente más clara y una conexión más auténtica con lo que quiero transmitir.

Lo que he descubierto es que la respiración consciente no es solo una herramienta para calmarme en momentos difíciles; también es una forma de transformar cualquier actividad en algo significativo. No importa si estoy escribiendo, cocinando, caminando o simplemente esperando, siempre hay un espacio para observar mi respiración, mis sensaciones y emociones. Esto ha cambiado completamente mi percepción del tiempo y de las tareas cotidianas.

Cada día, gracias a la respiración consciente, mi tiempo no se siente desperdiciado, sino que es un tiempo ganado, un espacio para construir bienestar y presencia. La vida, incluso en sus aspectos más simples, se ha vuelto mucho más interesante.

Con estas prácticas sencillas, la respiración consciente puede convertirse en una parte natural y esencial de tu día. No se trata de añadir más tareas a tu lista, sino de transformar los momentos cotidianos en oportunidades para cuidar de ti mismo y vivir con mayor plenitud.

La respiración consciente es una herramienta siempre disponible.
No importa cuán ocupada o estresante sea tu vida,
la respiración está ahí para ayudarte a volver al equilibrio.

3.3.c) Creando una rutina personal de respiración

Establecer una rutina de respiración personalizada no solo te ayuda a integrar la práctica en tu vida diaria, sino que también potencia sus beneficios al incluir la observación de tus sensaciones y emociones. Este componente esencial te permite profundizar en la conexión contigo mismo y maximizar el impacto transformador de la respiración consciente.

Cómo estructurar tu rutina de respiración

1. Elige un momento del día que funcione para ti:
Escoge horarios en los que puedas estar presente y sin interrupciones:

- Por la mañana, para empezar el día con energía y claridad.
- A mitad del día, como un momento de recarga y reconexión.
- Por la noche, para liberar tensiones y prepararte para un descanso reparador.

2. Incluye la observación de tus sensaciones y emociones:
Antes y después de cada ejercicio, dedica unos momentos a observar tu cuerpo y tu estado emocional:

- ¿Qué sientes en tu cuerpo? Nota tensiones, calor, frío, peso o cualquier otra sensación física.
- ¿Qué emociones están presentes? Identifica si hay calma, ansiedad, alegría, frustración u otra emoción.

• Obsérvalas sin juzgar, con curiosidad y aceptación. Esto te ayudará a integrar la práctica en un nivel más profundo.

3. Empieza con los ejercicios esenciales:

Si solo tienes tiempo para dos ejercicios, enfoca tu rutina en:

• Las 20 respiraciones conectadas clásicas: Este ejercicio regula tu respiración, aumenta tu energía y ayuda a liberar tensiones acumuladas.

• Las 6 respiraciones alternas: Ideales para equilibrar mente y cuerpo, este ejercicio aporta calma mental y claridad emocional.

Mientras los realizas, presta atención a cómo se siente tu cuerpo y cómo cambian tus emociones durante el ejercicio.

4. Añade más ejercicios si tienes tiempo:

Si puedes dedicar más tiempo o tienes objetivos específicos, complementa tu rutina con otros ejercicios:

• Para liberar tensiones acumuladas: Practica la respiración con la boca abierta.

• Para superar el bruxismo: practica la respiración con la lengua debajo del labio superior o inferior.

• Para calmar la ansiedad: Sigue los pasos del ejercicio específico para este propósito.

• Para desbloquear zonas olvidadas o energía estancada: Incorpora ejercicios para el fluir de la energía o enfocados en áreas específicas del cuerpo.

5. Termina con el ejercicio de respiración energética silenciosa:

Este ejercicio es perfecto para cerrar tu rutina porque:

• Ayuda a integrar las sensaciones y emociones que surgieron durante los ejercicios anteriores.

• Promueve un estado de calma profunda y equilibrio.

• Facilita la conexión con tu energía vital.

Al finalizar este ejercicio, dedica unos minutos a observar cómo te sientes. Nota cualquier cambio en tu cuerpo, mente o estado emocional.

Un ejemplo de rutina diaria con observación consciente

Por la mañana (10 minutos):

• Observa cómo te sientes al despertar. Nota tu respiración, tu cuerpo y tu estado emocional.

• Realiza 20 respiraciones conectadas clásicas.

• Haz 6 respiraciones alternas para equilibrar tu mente.

A mitad del día (5 minutos):

• Antes de iniciar, observa cómo está tu energía y qué emociones predominan.

• Practica el ejercicio clásico de las 20 respiraciones conectadas.

• Nota cualquier cambio en tu cuerpo y emociones al finalizar.

Por la noche (10-15 minutos):

• Observa tu estado físico y emocional antes de comenzar. Nota cualquier tensión o sensación residual del día.

• Haz 6 respiraciones alternas para calmar la mente y prepararte para el descanso.

• Haz el ejercicio para el bruxismo.

• Termina con el ejercicio de respiración energética silenciosa, permitiendo que la calma se expanda por todo tu cuerpo.

Consejo final:

La constancia es clave, pero la calidad de tu atención lo es aún más. Incluso si solo puedes dedicar unos minutos, asegúrate de incluir la observación consciente de tus sensaciones y emociones. Esto transformará tu práctica en una experiencia más profunda y personal.

Recuerda que al integrar estas rutinas en tu vida diaria, estás cultivando un espacio de conexión y cuidado contigo mismo.

La respiración no solo es una herramienta,
sino un puente hacia un estado
más pleno y consciente de ser.

Mi rutina de conexión diaria

Hace años, cuando empecé a profundizar en el impacto de la respiración consciente en mi vida, incorporé una práctica sencilla pero profundamente transformadora: observarme antes de dormir y al despertar. Al principio, no sabía cuánto podía cambiar mi vida esta pequeña rutina, pero pronto descubrí que era mucho más poderosa de lo que imaginaba.

Al final de cada día, justo antes de acostarme, me regalo unos minutos para conectar conmigo misma. A veces me siento en mi cama o en un rincón tranquilo, y otras, cuando estoy más cansada, simplemente me acuesto y cierro los ojos. En ese momento, llevo mi atención a lo que estoy sintiendo.

Empiezo por mi cuerpo: *¿hay tensiones?, ¿algún lugar que se sienta rígido, pesado o cansado?* Luego me detengo en mis emociones: *¿estoy inquieta, frustrada, serena o agradecida?* Finalmente, exploro mi mente: *¿está acelerada con pensamientos o más tranquila y despejada?*

Por último, me centro en mi respiración. Primero observo su estado: *¿es superficial, profunda, pausada o acelerada?* Si siento que necesito ajustarla, hago algunas rectificaciones simples y realizo algunas respiraciones conectadas. Este pequeño ritual nocturno es como un acto de limpieza interior, un espacio donde permito que mi cuerpo y mente suelten todo aquello que el día dejó en mí y que ya no necesito llevar. A veces, por la noche también realizo una breve secuencia de ejercicios de respiración personalizada, dependiendo de cómo me siento en ese momento, aunque no es algo que haga siempre.

Por la mañana, al despertar, repito algo similar, pero con una diferencia importante. Antes de moverme o levantarme, me tomo unos minutos para observar cómo me siento. Exploro mi cuerpo: *¿se siente relajado o cargado?*, examino mis emociones: *¿qué estoy sintiendo al inicio del día?* También me detengo en mi mente: *¿está tranquila o ya está ocupada con la lista de pendientes?* Y, como siempre, vuelvo a mi respiración. Pregunto: *¿es ligera y fluida o hay alguna resistencia?*

Después de este momento de conexión, realizo una breve secuencia de ejercicios de respiración personalizados, adaptados a lo que necesito ese día. A veces necesito energía y claridad, y otras, más calma y equilibrio. Este hábito me ayuda no solo a conectar conmigo misma, sino también a preparar mi cuerpo y mente para enfrentar el día con enfoque y serenidad.

Lo que he descubierto con esta práctica diaria es que no solo me ayuda a dormir mejor y a empezar el día con serenidad, sino que también me da una herramienta para tomar las riendas de mi mundo interno. En lugar de dejarme arrastrar por tensiones, preocupaciones o emociones intensas, puedo responder a lo que ocurre en mi interior con mayor consciencia y calma.

Esta rutina se ha convertido en un regalo invaluable. He notado cómo mi cuerpo descansa mejor, cómo mi mente está más clara para tomar decisiones importantes y cómo mis relaciones han mejorado porque ahora puedo estar más presente y en paz conmigo misma. Incluso en los días más desafiantes, esta conexión diaria con mi respiración me recuerda que tengo el poder de influir en mi experiencia y encontrar equilibrio.

Hoy, esta práctica no es algo que simplemente hago; es parte de quien soy. Es mi brújula diaria, una guía que me orienta hacia un estado de mayor conexión y bienestar. No requiere grandes esfuerzos, solo pequeños momentos de atención, y eso es suficiente para transformar todo.

3.4) Reflexiones finales: respirar para una vida más plena

Al final de este recorrido, una idea central se mantiene: la respiración es más que un proceso físico; es una llave hacia una vida más consciente, equilibrada y auténtica. No se trata de realizar prácticas perfectas, sino de permitir que tu respiración se convierta en un puente hacia lo que necesitas en cada momento.

En este libro has aprendido a observar, transformar y personalizar tu relación con la respiración. Ahora es tu turno de llevar este conocimiento a tu vida cotidiana, explorando cómo estos pequeños gestos conscientes pueden influir profundamente en tu bienestar.

Respirar como un acto de presencia

De todo lo estudiado en este libro, no importa tanto que técnica o ejercicio elijas, lo esencial es que la respiración te recuerde estar presente. Cuando respiras con atención, estás diciendo *"sí"* a lo que la vida te ofrece, aquí y ahora. En medio del caos o la calma, tu respiración puede ser tu punto de anclaje.

Este anclaje no es una meta, sino un camino. Cada respiración te invita a explorar cómo puedes vivir con más suavidad y consciencia. Y esa invitación estará siempre disponible, independientemente de las circunstancias.

Prácticas que se adaptan a ti

No tienes que ser rígido ni seguir un esquema predeterminado. Quizá un día necesites respirar para liberar tensiones, otro para encontrar claridad, y otro para calmar emociones intensas. Aprende a escuchar tu cuerpo y a elegir lo que más te beneficia en el momento presente.

Por ejemplo:

• En un día lleno de movimiento, una práctica rápida de 6 respiraciones alternas puede ayudarte a recargar tu mente.

• En un momento de introspección, las 20 respiraciones conectadas clásicas pueden ayudarte a redescubrir tu energía.

• Si buscas una sensación de cierre o integración, el ejercicio de respiración energética silenciosa puede acompañarte a finalizar cualquier práctica con calma y equilibrio.

Respirar conscientemente no es solo un ejercicio,
es una actitud frente a la vida.
Es permitirte sentir lo que surge sin juzgar,
reconociendo que cada inhalación y exhalación
es una oportunidad para soltar lo viejo
y dar espacio a lo nuevo.

El viaje de la respiración consciente no tiene fin. Puedes seguir explorando, la clave está en hacerlo a tu ritmo, sin expectativas rígidas, confiando en que tu respiración siempre será tu guía. Si lo deseas también puedes profundizar en sesiones individuales, o participar en un seminario. Y si decides venir a uno de mis seminarios, será un placer para mí y mi equipo de profesionales guiar tu proceso y conocerte en persona.

Al cerrar este libro, te invito a hacer una pausa. Respira profundamente. Siente cómo esta simple acción conecta tu cuerpo, mente y espíritu. Permítete disfrutar de esta conexión, sabiendo que siempre puedes volver a ella, donde sea que estés.

Respirar es vivir, y vivir conscientemente a través de estas prácticas es uno de los regalos más valiosos que puedes darte. Integra estas técnicas en tu día a día y descubre cómo transformar tu vida con cada respiración.

Tu respiración es el lazo que te une a la vida.
Haz de ella tu compañera,
y descubre cómo cada momento puede ser
una oportunidad para renacer.

ANEXO

Sesiones guiadas de respiración

A lo largo de este libro, has comenzado un camino de transformación a través de la respiración consciente. Los ejercicios que has practicado no solo te han ayudado a conectar con tu cuerpo y emociones, sino que también han abierto una puerta hacia una vida más plena y equilibrada.

Con los ejercicios prácticos que has aprendido, ahora tienes herramientas para:

- Reducir el estrés y la ansiedad.
- Mejorar tu salud física al optimizar tus patrones respiratorios.
- Cultivar una mayor conexión con tu cuerpo y emociones.
- Incorporar momentos de calma y presencia en tu día a día.

Estas prácticas son accesibles y efectivas, ideales para integrarlas en tu rutina diaria. Con constancia, los cambios que has comenzado a notar en tu respiración, tus emociones y tu vida, pueden profundizarse y expandirse con el tiempo.

Sesiones individuales de respiración: profundizando en la transformación

Aunque los ejercicios individuales tienen un gran potencial, una sesión completa de respiración guiada por un profesional certificado ofrece una experiencia más profunda y personalizada. Estas sesiones están diseñadas para desbloquear patrones respiratorios limitantes, y liberar tensiones emocionales acumuladas de manera segura y efectiva.

Durante una sesión guiada, el profesional:

- Enseña y corrige la respiración siguiendo los protocolos del método Van Laere®.
- Facilita el contacto con emociones inconscientes a través de la respiración y la autoobservación.
- Ayuda al consultante a procesar e integrar emociones y patrones limitantes, promoviendo una mayor inteligencia emocional.

En prácticas de respiración más prolongadas e intensas, como las que se realizan en sesiones guiadas, suelen aflorar experiencias emocionales profundas relacionadas con traumas, conflictos o emociones reprimidas del pasado. Estas experiencias son valiosas, ya que representan una oportunidad para liberar al cuerpo de tensiones retenidas, y a la mente de patrones emocionales limitantes.

Sin embargo, este proceso requiere un espacio seguro y la guía de un profesional bien entrenado, quien puede ayudar a integrar estas emociones de manera adecuada, facilitando la sanación y el equilibrio. Estas sesiones permiten que las emociones afloren, se expresen y finalmente sean liberadas, promoviendo una transformación completa en el cuerpo, las emociones y la mente.

Cursos: una experiencia de aprendizaje profunda y personalizada

Además de las sesiones individuales, otra manera de profundizar en tu práctica es participar en uno de los cursos presenciales del Instituto Van Laere®, donde también se realizan sesiones individuales. Estos cursos combinan el aprendizaje teórico y práctico con la experiencia directa de la respiración consciente, incluyendo:

- Sesiones individuales personalizadas: Durante los cursos, tendrás sesiones en las que tu respiración será rectificada y adaptada a tus necesidades individuales.

- Trabajo en grupo: Prácticas grupales que enriquecen la experiencia al compartir en un entorno seguro y de aprendizaje con otros.
- Herramientas para la práctica autónoma: Aprenderás a trabajar con tu respiración de manera segura y efectiva, incluso fuera del curso.

Para quienes buscan una opción más accesible o prefieren avanzar a su propio ritmo, también ofrecemos un curso online diseñado para guiarte paso a paso en tu práctica de respiración consciente. Este formato combina ejercicios prácticos, materiales descargables y acompañamiento claro, permitiéndote integrar estas herramientas desde casa.

Estos programas son ideales para quienes desean avanzar en su proceso personal con un enfoque integral, apoyados por profesionales altamente capacitados.

Si sientes el llamado de profundizar en tu práctica, ya sea a través de sesiones individuales, participando en un curso presencial o explorando el curso online, te invito a visitar mi página web:

www.fannyvanlaere.com

O escanea el siguiente código QR para más información sobre el curso online:

Allí encontrarás detalles sobre profesionales certificados, cursos e inmersiones en diferentes regiones, así como recursos para apoyarte en tu camino de transformación personal.

Será un verdadero placer, junto con el equipo internacional multidisciplinario del Instituto Van Laere®, seguir acompañándote en tu proceso de crecimiento y transformación personal. Estamos aquí para apoyarte en cada paso de este camino, ofreciéndote un espacio seguro y recursos para profundizar en tu práctica.

Cada respiración consciente que tomes es un paso hacia una vida más conectada, libre y plena. Gracias por permitirme ser parte de tu viaje. ¡Estoy aquí para caminar contigo!

FANNY VAN LAERE

Con más de 30 años de experiencia en la enseñanza de la respiración consciente, Fanny ha trabajado con personas de todas las edades, culturas y estilos de vida en más de 20 países.

Es creadora del método Van Laere®, una práctica innovadora que combina la respiración, la escucha del cuerpo y la gestión emocional para favorecer el bienestar integral. Su enfoque asequible y cercano ha inspirado a miles de personas a transformar sus vidas a través de la respiración.

"Este libro refleja mi pasión por compartir un conocimiento simple pero profundamente transformador. Estas páginas te guiarán para que conviertas tu respiración en la llave de tu transformación y bienestar".

www.fannyvanlaere.com
IG: @fannyvanlaereoficial

Cómo usar este libro

"Un paso a la vez,
una respiración a la vez"

Este libro es una invitación a embarcarte en un viaje hacia ti mismo a través de la respiración consciente. No necesitas experiencia previa ni herramientas especiales, solo tu curiosidad y disposición para explorar.

A lo largo de estas páginas encontrarás:

- Reflexiones y conceptos clave: para comprender cómo la respiración impacta tu vida.
- Ejercicios prácticos: simples, accesibles y adaptados a diferentes momentos y necesidades.
- Anécdotas reales: inspiradoras historias que muestran el poder de la respiración consciente.

"Nuestra respiración es la herramienta más accesible y poderosa que tenemos para transformar nuestra vida. No requiere ningún equipo especial ni grandes inversiones; solo requiere que estemos dispuestos a prestar atención y a permitir que nuestra respiración nos guíe hacia la liberación y la transformación".

Made in the USA
Columbia, SC
08 April 2025

56355780R00070